# Lançamento por Homologação e Decadência

# Lançamento por Homologação e Decadência

2020

Marcos Donizeti Sampar

ALMEDINA

**LANÇAMENTO POR HOMOLOGAÇÃO E DECADÊNCIA**


AUTOR: Marcos Donizeti Sampar
DIAGRAMAÇÃO: Mariana Silva
DESIGN DE CAPA: Roberta Bassanetto
ISBN: 9788584935802

Dados Internacionais de Catalogação na Publicação (CIP)
(Câmara Brasileira do Livro, SP, Brasil)

---

Sampar, Marcos Donizeti

Lançamento por homologação e decadência /
Marcos Donizeti Sampar. -- São Paulo : Almedina, 2020.

Bibliografia.
ISBN 978-85-8493-580-2

1. Lançamento tributário 2. Lançamento tributário - Brasil I. Título.

19-32234 CDU-34:336.2.02

---

**Índices para catálogo sistemático:**

1. Algoritmos e relação jurídica : Direito da sociedade da informação 34:316.3

Maria Paula C. Riyuzo - Bibliotecária - CRB-8/7639



Este livro segue as regras do novo Acordo Ortográfico da Língua Portuguesa (1990).



Março, 2020

EDITORA: Almedina Brasil
Rua José Maria Lisboa, 860, Conj.131 e 132, Jardim Paulista | 01423-001 São Paulo | Brasil
editora@almedina.com.br
www.almedina.com.br

## AGRADECIMENTOS

Agradeço, inicialmente, à minha esposa Ana Lúcia e aos meus filhos Juliana e Renan, pelo incentivo e apoio incondicional.

Agradeço ao Prof. Dr. Marcos Aurélio Pereira Valadão que, desde o primeiro momento, demonstrou grande entusiasmo pelo tema desta pesquisa, cujas sugestões e ensinamentos foram fundamentais para a sua realização.

Agradeço a todos os professores que ministraram as disciplinas por mim cursadas no decorrer do Mestrado em Direito da Universidade Católica de Brasília, os quais contribuíram, direta e indiretamente, para o início, o desenvolvimento e a conclusão desta dissertação.

## LISTA DE FIGURAS

# SUMÁRIO

# Capítulo 1
# Introdução

De todos os dispositivos do Código Tributário Nacional — Lei n. 5.172 de 1966 — (CTN), talvez nenhum outro tenha dado ensejo a tantas divergências doutrinárias e jurisprudenciais quanto o que trata do lançamento por homologação. Ao longo das cinco décadas de vigência do CTN, tal modalidade de lançamento tem sido vista pela doutrina e pela jurisprudência como modalidade estranha à definição contida no art. 142, a qual, segundo se afirma, contemplaria apenas as modalidades por declaração e de ofício. Visão que decorre, basicamente, do entendimento de que no lançamento por homologação seria o sujeito passivo quem lançaria o tributo, na medida em que lhe caberia apurar o débito tributário e promover o seu pagamento sem qualquer participação prévia da Fazenda Pública, bem assim na interpretação de que, tendo havido pagamento antecipado, o lançamento por homologação nada exigiria do sujeito passivo e daria ensejo à decretação da extinção do crédito, ao passo que o lançamento por declaração e de ofício é que constituiriam o crédito tributário.

Essa visão do lançamento por homologação certamente contribuiu para que a doutrina e a jurisprudência enxergassem o prazo estipulado no § 4º do art. 150 do Código como sendo de natureza decadencial, muito embora, registre-se, essa mesma doutrina e jurisprudência não tenha conseguido, ao longo de todos esses anos, explicar satisfatoriamente o alcance e o significado do referido dispositivo.

Neste trabalho, inclusive sob a perspectiva das diversas possibilidades de interpretação (histórica, sistemática, teleológica e gramatical), procura-se demonstrar que o lançamento por homologação, diversamente do que é preconizado, amolda-se perfeitamente à definição do art. 142, e se diferencia do lançamento por declaração e de ofício apenas no que tange ao seu procedimento e ao conteúdo da notificação de lançamento, e não quanto ao ato administrativo propriamente dito, decorrendo dessa constatação que o prazo de cinco anos contados do fato gerador, referido no § 4º do art. 150 do Código, não é extintivo para a Fazenda Pública constituir o crédito tributário, mas sim o marco temporal escolhido pelo legislador para que, na ausência de manifestação expressa da autoridade administrativa sobre o pagamento antecipado, um lançamento por ficção legal se operasse, denominado pela doutrina de homologação tácita, justamente para evitar a ocorrência da decadência que se avizinhava, na forma da regra estipulada no art. 173, inciso I, do CTN. Estará, pois, tacitamente homologado para todos os efeitos, exceto para a revisão de ofício do lançamento, relativamente à diferença de tributo não paga, cujo prazo limite é regulado pelo art. 173, inciso I, do CTN.

Coloca-se também a questão de se saber quais seriam o prazo e o termo inicial para a Fazenda Pública constituir o crédito tributário quando comprovada a ocorrência de dolo, fraude ou simulação, a teor da ressalva constante da parte final do § 4º do art. 150.

Em linhas gerais, prevalece de forma majoritária na doutrina o entendimento segundo o qual, ao fazer a aludida ressalva, o dispositivo mencionado teria deixado uma lacuna quanto ao prazo para a Fazenda Pública constituir o crédito tributário nessas hipóteses, havendo quem sustentasse, ainda na vigência do Código Civil de 1916, segundo relata Souto Maior Borges[1], a aplicação do prazo prescricional de vinte anos previsto no art. 177 para as ações pessoais. Uma segunda corrente entende que a Fazenda Pública teria o prazo de cinco anos para a constatação e formalização do ilícito, afastando a homologação tácita e, a partir daí, passaria a fluir o prazo do art. 173, parágrafo único, do CTN, para o lançamento de ofício[2]. Outra linha interpretativa defende a aplicação do prazo prescricional estipulado no art. 109, inciso III, do Código Penal, ao argumento

[1] BORGES, José Souto Maior. **Lançamento Tributário.** 2. ed. São Paulo: Malheiros, 1999, p. 406.
[2] SANTI, Eurico Marcos Diniz de. **Decadência e prescrição no direito tributário.** 4. ed. São Paulo: Saraiva, 2011, p. 121-122.

de que se trataria de matéria tributária e penal[3]. Uma quarta corrente preconiza que o termo inicial do prazo decadencial seria o momento em que a Fazenda Pública tem ciência da prática de qualquer dessas condutas[4]. Por fim, a doutrina dominante entende que a solução seria aplicar-se a regra do lançamento de ofício, nos termos do art. 173, inciso I, do CTN.

Esse também é o entendimento do Superior Tribunal de Justiça (STJ), consoante se verifica do julgamento do AgRg no REsp 1.532.105/RR[5], no qual se deixou assente que o entendimento daquela Corte é de que o prazo decadencial nos tributos sujeitos a lançamento por homologação, caso tenha havido dolo, fraude ou simulação por parte do sujeito passivo, tem início no primeiro dia do ano seguinte ao qual poderia o tributo ter sido lançado.

Assim, objetiva-se com este trabalho demonstrar também que inexiste a lacuna preconizada, na medida em que o CTN disciplinou expressamente a matéria, não sendo caso de se recorrer à integração das normas para preenchimento da suposta lacuna.

Impende consignar que as ideias expostas na presente pesquisa tiveram origem ainda no final dos anos de 1990, quando o autor ingressou nos quadros da Secretaria da Receita Federal do Brasil, vindo a publicar, em fevereiro do ano 2000, artigo na Revista Dialética de Direito Tributário sob o título "Tributos Sujeitos a Lançamento por Homologação, Prazo de Vencimento e Decadência", no qual expunha as inconsistências da tese que preconiza ser de natureza decadencial o prazo referido no § 4º do art. 150 do CTN e, em agosto de 2000, na mesma revista, artigo intitulado "Lançamento e Revisão de Ofício do Lançamento", em que abordava ambas as formas de constituição do crédito tributário em cotejo com o instituto da decadência.

Essas ideias iniciais foram aprofundadas nas discussões levadas a cabo durante o Curso de Mestrado, tendo resultado na publicação, em coautoria com o Prof. Dr. Marcos Aurélio Pereira Valadão, do artigo denominado

[3] FEITOSA, Francisco José Soares. Prazo para lançar tributos, no caso de fraude, dolo ou simulação. **Revista Dialética de Direito Tributário**. São Paulo: Dialética, n. 134, 2006, p. 33.

[4] HABLE, José. A **extinção do crédito tributário por decurso de prazo – decadência e prescrição tributárias** 4. ed. São Paulo: Editora Método, 2014, p. 210-211.

[5] AgRg no REsp 1.532.105/RR, Rel. Min. Napoleão Nunes Maia Filho, Primeira Turma, Data do Julgamento 15/03/2016, DJe 31/03/2016.

"Algumas Considerações Sobre a Natureza Administrativa do Lançamento por Homologação (Art. 150, do CTN)", na Revista de Direito Internacional, Econômico e Tributário, Volume 12, da Universidade Católica de Brasília[6].

O trabalho objetiva ampliar a discussão em torno do controvertido § 4º do art. 150 do CTN, para abranger a questão do prazo decadencial nos casos de dolo, fraude ou simulação, bem assim traz à baila novos argumentos para refutar o entendimento sedimentado na doutrina e na jurisprudência de que referido dispositivo abriga regra especial de decadência.

Para tanto, optou-se por estruturá-lo em cinco capítulos, incluindo esta introdução como capítulo 1 e as conclusões como capítulo 5.

No segundo capítulo abordam-se as características de cada modalidade de lançamento (por declaração, de ofício e por homologação), bem assim se demonstra que o lançamento por homologação amolda-se perfeitamente à definição de lançamento insculpida no art. 142 do CTN. Aborda-se, ainda, a impossibilidade jurídica de a Fazenda Pública efetuar o lançamento antes de expirado o prazo concedido para o sujeito passivo pagar antecipadamente o tributo, de maneira que o prazo decadencial não poderia correr antes mesmo da possibilidade jurídica de exercício do direito de constituir o crédito tributário. Neste capítulo também se aborda o contexto histórico em que a denominada homologação tácita foi inserida no Código Tributário Nacional, além de explicar o significado e o alcance do termo lei, empregado na parte inicial do § 4º do art. 150 do CTN.

O terceiro capítulo trata das duas modalidades de extinção do crédito tributário que guardam estrita relação com o objeto do presente estudo, quais sejam, a decadência e o pagamento antecipado homologado. Nesse contexto, aborda-se o conceito de decadência, bem como se assenta que o objeto da decadência no Direito Tributário brasileiro é o direito de constituir o crédito tributário, o qual, por sua vez, pode ser constituído pelo lançamento, e também pela revisão de ofício do lançamento. Trata, ainda, do pagamento antecipado homologado como modalidade de extinção do crédito tributário e se demonstra que a homologação tácita, como lan-

[6] SAMPAR, Marcos Donizeti; VALADÃO, Marcos Aurélio Pereira. Algumas Considerações Sobre a Natureza Administrativa do Lançamento por Homologação (Art. 150, do CTN). **Revista de Direito Internacional, Econômico e Tributário.** v. 12, n. 2, da Universidade Católica de Brasília, jul./dez. 2017. Disponível em: <https://portalrevistas.ucb.br/index.php/RDIET>. Acesso em: 4 ago. 2018.

çamento ficto que é, não atua diretamente extinguindo o crédito, mas antes disso, o constitui, tal qual o lançamento de que cuida o art. 142, cujo crédito assim constituído é, num momento lógico seguinte, extinto pelo pagamento dito antecipado. Coteja-se também neste capítulo o prazo do art. 173, inciso I, com o do § 4º do art. 150, ambos do CTN, e se demonstra que o segundo prazo é menor do que o primeiro justamente para que se operasse um lançamento por ficção legal no derradeiro dia antes de se operar a decadência, contada na forma do art. 173, inciso I. Faz-se um breve retrospecto da oscilação da jurisprudência judicial sobre o tema da decadência no lançamento por homologação, desde a publicação da Súmula n. 219, do extinto Tribunal Federal de Recursos (TFR), passando pela tese dos "cinco mais cinco", adotada pelo STJ em meados da década de 1990, culminando com a posição firmada pela aludida Corte de Justiça, entre outros, no Recurso Especial 973.733/SC[7] e no Agravo Regimental no Recurso Especial 1.277.854/PR[8], julgados na sistemática dos recursos repetitivos, e que serviram de paradigma para a edição da Súmula n. 555.

No quarto capítulo verificam-se as correntes doutrinárias que defendem a existência de lacuna no § 4º do art. 150 e as soluções por elas preconizadas, bem como se examinam as figuras do dolo, da fraude e da simulação em face das modalidades de lançamento, e se demonstra que tais figuras também podem ocorrer quando o tributo seja lançado por declaração e, nesse contexto, não haveria lógica na norma que determinasse prazo maior unicamente para o dolo, a fraude ou a simulação verificada em tributo sujeito a lançamento por homologação. Trata, ainda, dos casos de dolo, fraude ou simulação quando cotejados com a homologação expressa, e se demonstra que esta jamais ocorre em tais hipóteses porque, sendo o lançamento ato vinculado e obrigatório, a autoridade fiscal jamais poderia concordar com tais condutas. Aborda-se, também que, sendo a homologação tácita um sub-rogado da homologação expressa, não se opera a ficção legal em que aquela se traduz ao cabo de cinco anos do fato gerador, não sendo necessário, portanto, ato da autoridade administrativa para afastá-la. Demonstra-se que a ressalva contida na parte final do § 4º do art. 150

[7] REsp 973.733/SC, Rel. Min. Luiz Fux, Primeira Seção, Data do Julgamento 12/08/2009, DJe 18/09/2009.

[8] AgRg no REsp 1.277.854/PR, Rel. Min. Humberto Martins, Segunda Turma, Data do Julgamento 12/06/2012, DJe 18/06/2012.

do CTN é dirigida à modalidade de lançamento, que será sempre de ofício nos casos de dolo, fraude ou simulação, nos termos do art. 149, inciso VII, e não ao prazo de cinco anos contados do fato gerador. Examina-se, por fim, a questão da lacuna normativa no intuito de demonstrar que o CTN regulou a matéria da decadência no lançamento por homologação nas hipóteses de dolo, fraude ou simulação de forma expressa, não sendo o caso de se recorrer à analogia para preenchimento da suposta lacuna.

No capítulo 5 alinhavam-se as conclusões que decorrem desse estudo, no sentido de que o lançamento por homologação se amolda perfeitamente à definição contida no art. 142 do CTN, na medida em que o lançamento se destina, entre outros, a apurar o montante do tributo devido, e não o montante do tributo a pagar. Conclui-se, também, que o prazo estipulado no § 4º do art. 150 é para que se opere um lançamento por ficção legal, instituído no interesse da Fazenda Pública para evitar a decadência, contada pela regra única do art. 173, inciso I, de forma a impedir que a ausência de lançamento pudesse dar ensejo à repetição de indébito por parte dos sujeitos passivos que promoveram a antecipação do pagamento do tributo, mas não com o objetivo de instituir uma regra especial de decadência que representasse a perda do direito de exigir as diferenças não recolhidas. Nesse contexto, deixa-se assentada a conclusão de que, uma vez operado o lançamento por ficção legal, abre-se a possibilidade de revisão de ofício desse lançamento ficto, a ser exercida no prazo decadencial do art. 173, inciso I.

Conclui-se que as figuras do dolo, da fraude e da simulação, ressalvadas na parte final do § 4º do art. 150, não são ínsitas ao lançamento por homologação, podendo ocorrer também nos tributos sujeitos a lançamento por declaração e, excepcionalmente, nos tributos sujeitos a lançamento originariamente de ofício. Chega-se ainda à conclusão de que a aludida ressalva não se dirige ao prazo de cinco anos contados do fato gerador, mas sim à modalidade de lançamento cabível quando comprovado o dolo, a fraude ou a simulação, e também à não extinção do crédito tributário, uma vez que nesses casos o lançamento será sempre de ofício, nos termos do art. 149, inciso VII, sendo aplicável a regra única de decadência estabelecida no art. 173, inciso I, de maneira que não há lacuna a ser preenchida no Código Tributário Nacional para os casos de dolo, fraude ou simulação.

# Capítulo 2
# O Lançamento no Código Tributário Nacional

O CTN tratou do lançamento no Capítulo II — Constituição do Crédito Tributário —, tendo cuidado na Seção I, entre outros, da definição de lançamento, consoante art. 142, adiante transcrito:

> Compete privativamente à autoridade administrativa constituir o crédito tributário pelo lançamento, assim entendido o procedimento administrativo tendente a verificar a ocorrência do fato gerador da obrigação correspondente, determinar a matéria tributável, calcular o montante do tributo devido, identificar o sujeito passivo e, sendo caso, propor a aplicação da penalidade cabível.
> Parágrafo único. A atividade administrativa de lançamento é vinculada e obrigatória, sob pena de responsabilidade funcional.

Como se percebe, estipulou o CTN que o lançamento é privativo da autoridade administrativa, disso resultando que, mesmo quando a legislação determina que o sujeito passivo ou terceiro deva colaborar para a sua realização, caberá sempre à Fazenda Pública a sua feitura por uma das modalidades previstas no Código.

Além disso, dispôs o parágrafo único do art. 142 que o lançamento é atividade vinculada e obrigatória, sob pena de responsabilidade funcional, de maneira que a autoridade administrativa não poderá deixar de efetuá-lo ou realizá-lo em desacordo com as normas legais, sob pena de responder administrativamente. Reforça essa previsão o contido na definição de tributo, de que cuida o art. 3º do CTN, o qual estipula que é cobrado "mediante atividade administrativa plenamente vinculada".

Nesse passo, afigura-se importante registrar que, por ocasião dos trabalhos da Comissão Especial do Código Tributário Nacional, abandonou-se a ideia inicial de que haveria tributos que não dependiam de lançamento, nos termos disciplinados nos arts. 175 e 176 do Anteprojeto, tendo, ao final, sido adotada a linha de que todos os tributos dependiam de lançamento. Do relatório elaborado por Rubens Gomes de Sousa colhe-se o seguinte excerto:

> O Projeto incorporou, entre as demais modalidades de lançamento, a matéria dos arts. 175 e 176 do Anteprojeto, que figuravam em capítulo intitulado "Dos tributos que não dependem de prévio lançamento", e adotou a terminologia "lançamento por homologação". Visou-se, com isso, acentuar o que já decorria, embora com menor clareza, da sistemática do Anteprojeto, a saber, que todos os tributos dependem de lançamento. É o que resulta da circunstância do lançamento ser atividade privativa da autoridade fiscal (art. 105)9.

Como se percebe, o CTN adotou a linha de que o lançamento é sempre necessário em qualquer tributo, mesmo naqueles em que a lei atribua ao sujeito passivo o dever de antecipar o pagamento sem prévio exame da autoridade administrativa.

Essa é a posição de Hugo de Brito Machado, o qual afirma que no Direito brasileiro não existe tributo sem lançamento. Para o referido autor, existem, é certo, tributos nos quais o lançamento opera-se pelo simples silêncio da Administração Tributária que consubstancia a homologação tácita da apuração feita pelo contribuinte, porém, do ponto de vista rigorosamente jurídico, não se pode afirmar a existência de tributo sem lançamento porque, mesmo nos casos em que a lei atribui ao sujeito passivo o dever de pagar sem que a autoridade administrativa tenha feito a apuração do montante devido, haverá sempre homologação, ainda que apenas tácita, a configurar o lançamento como procedimento administrativo[10].

[9] BRASIL. **Trabalhos da Comissão Especial do Código Tributário Nacional**. Rio de Janeiro: Ministério da Fazenda, 1954, p. 211.

[10] MACHADO, Hugo de Brito. **Lançamento tributário e decadência**. Hugo de Brito Machado (coordenador). São Paulo e Fortaleza: Coedição Dialética e ICET – Instituto Cearense de

Consoante assevera Mary Elbe Gomes Queiroz Maia inexiste unanimidade na doutrina com relação à definição da natureza jurídica do lançamento tributário, constituindo objeto de discussão se o lançamento é ato ou procedimento administrativo, sendo que entre os doutrinadores que identificam o lançamento como ato administrativo, podem ser citados Paulo de Barros Carvalho, Luciano Amaro, Estevão Horvath e Alberto Xavier. Já dentre aqueles que aceitam a redação do texto legal e procuram justificá-la, por entenderem que, realmente, o lançamento se configura como um procedimento administrativo, encontram-se Zelmo Denari, Hugo de Brito Machado e Ruy Barbosa Nogueira[11].

No presente trabalho, compartilha-se do entendimento de que o lançamento é ato administrativo realizado ao final de um procedimento administrativo, com ele não se confundindo. Para tanto, adota-se a definição de Maria Sylvia Zanella Di Pietro, para quem ato administrativo é a declaração do Estado ou de quem o represente, que produz efeitos jurídicos imediatos, com observância da lei, sob o regime de Direito Público e sujeita a controle do Poder Judiciário[12], sendo o procedimento administrativo a sequência de atividades administrativas concatenadas, que visa alcançar determinado efeito final previsto em lei.

Entende-se, ainda, que o CTN adotou a teoria de que o lançamento possui natureza declaratória da obrigação tributária e constitutiva do crédito. Isso é o que conclui da leitura do disposto no art. 144, que prescreve que o lançamento reporta-se à data da ocorrência do fato gerador da obrigação e rege-se pela lei então vigente, ainda que posteriormente modificada ou revogada.

Esse é o entendimento, entre outros, de Bernardo Ribeiro de Moraes[13]. No mesmo sentido manifestou-se Ricardo Lobo Torres, para quem o CTN aderiu, inequivocamente, à teoria de que o lançamento tem natureza declaratória da obrigação e constitutiva do crédito, e acrescenta que o título, em que se substancia o crédito tributário, adquire vida autônoma frente à obrigação subjacente, criando, assim, a verdade formal, que poderá ser

Estudos Tributários, 2002, p. 225.

[11] MAIA, Mary Elbe Gomes Queiroz Maia. **Do lançamento tributário – execução e controle**. São Paulo: Dialética, 1999, p. 21-22.

[12] DI PIETRO, Maria Sylvia Zanella. **Direito administrativo**. 11. ed. São Paulo: Atlas, 1999, p. 181.

[13] MORAES, Bernardo Ribeiro de. **Decadência e prescrição. Caderno de Pesquisas Tributárias,** v. 1. 3. tiragem. Ives Gandra da Silva Martins (coordenador). São Paulo: Coedição Resenha Tributária e Centro de Estudos de Extensão Universitária, 1991, p. 31.

impugnada pelo sujeito passivo no caso de não coincidir com a verdade material da obrigação constituída nos termos da lei[14].

Esse descompasso entre a verdade formal e a verdade material não somente poderá ser impugnado pelo sujeito passivo, como ensejar a revisão de ofício do lançamento em favor da Fazenda Pública, impropriamente denominada lançamento suplementar, nos termos do art. 149 c/c art. 145, inciso III, ambos do CTN, com o fito de exigir a diferença de tributo que não foi abrangida pelo lançamento anterior, consoante será abordado mais adiante.

## 2.1 As Modalidades de Lançamento no Código Tributário Nacional

O Código instituiu três modalidades de lançamento, que constituem, a rigor, modalidades de procedimento[15]: por declaração, de ofício e por homologação, as quais se distinguem em função do grau de participação do sujeito passivo ou de terceiro na sua realização, sendo certo que, segundo o CTN, nas duas primeiras o lançamento precede ao pagamento e, na última, é efetuado num momento posterior ao pagamento.

Antes de adentrar à breve análise das modalidades de lançamento, vale ressaltar que o CTN deixou a cargo do legislador ordinário estabelecer a forma de lançamento para cada tributo, de maneira que cada pessoa política goza de discricionariedade para adotar esta ou aquela modalidade em relação a determinado tributo de sua competência.

Feitas essas considerações, passa-se a examinar as três modalidades de lançamento adotadas pelo CTN.

### 2.1.1 O Lançamento por Declaração

Conforme o art. 147 do CTN, o lançamento é efetuado com base na declaração do sujeito passivo ou de terceiro, quando um ou outro, na forma da legislação tributária, presta à autoridade administrativa informações sobre a matéria de fato, indispensáveis à sua efetivação.

Assim, na linha que se adota quanto à distinção entre procedimento e ato administrativo de lançamento, a prestação de uma declaração pelo

[14] TORRES, Ricardo Lobo. **Curso de direito financeiro e tributário.** 6. ed. Rio de Janeiro: Renovar, 1999, p. 236.

[15] CARVALHO, Paulo de Barros. **Curso de direito tributário.** 27. ed. São Paulo: Saraiva, 2016, p. 405.

sujeito passivo ou por terceiro integra o procedimento do lançamento por declaração, contudo, não integra nem se confunde com o ato de lançamento levado a efeito pela autoridade administrativa no bojo desse mesmo procedimento.

Exemplo clássico de tributo historicamente lançado por declaração é o Imposto sobre a Renda (IR), tanto da pessoa física, como da pessoa jurídica, o qual até meados da década de 1980, sujeitava-se a essa modalidade de lançamento, sendo certo que, desde então, é considerado tributo lançado por homologação.

### 2.1.2 O Lançamento de Ofício

O CTN contempla, nos vários incisos do art. 149, as hipóteses de lançamento originariamente de ofício, de lançamento de ofício por substituição e de revisão de ofício do lançamento. O lançamento originariamente de ofício tem previsão no inciso I do art. 149, e ocorre quando a lei determina que a autoridade administrativa deve efetuá-lo independentemente de qualquer ação, omissão ou inexatidão do sujeito passivo ou de terceiro. É o que se verifica, de maneira geral, com o Imposto sobre a Propriedade Territorial Urbana (IPTU), tributo em relação ao qual a Fazenda Pública já dispõe de todas as informações relativas ao fato gerador, de forma que a participação do sujeito passivo ou de terceiros é desnecessária.

Nas demais hipóteses (incisos II a VII do art. 149), o lançamento de ofício atua como substituto tanto do lançamento por declaração quanto do lançamento por homologação. É dizer, em tais situações, o tributo seria lançado originariamente por declaração ou por homologação, contudo, diante da ausência de colaboração do sujeito passivo ou de terceiro, total ou parcialmente, aí incluída a prática de dolo, fraude ou simulação, a modalidade de lançamento prevista na legislação é substituída pelo lançamento de ofício. Nesse sentido é a lição de José Souto Maior Borges:

> A inconvertibilidade do lançamento ex officio noutra modalidade de lançamento é uma regra implícita no Código Tributário Nacional, delimitadora da competência para lançar. Mas a substituição do lançamento por declaração ou por homologação – melhor dito, dos seus respectivos procedimentos – por um procedimento de lançamento de ofício é regra atributiva de competência para lançar expressamente

consignada no Código Tributário Nacional16.

Consoante observa Eurico Marcos Diniz de Santi, só num primeiro momento é que a definição da legislação tributária ordinária é relevante para determinação da modalidade de formalização do crédito tributário, sendo que inúmeras outras circunstâncias fáticas inserem-se como relevantes (*ex vi* dos incisos do art. 149 do CTN) para impor o processo de formalização do Fisco àqueles tributos que, em razão da legislação originária, eram destinados ao ato de formalização do contribuinte[17].

Para o presente estudo, interessam mais diretamente as hipóteses contidas no art. 149, incisos V e VII, do CTN, que determinam:

> Art. 149. O lançamento é efetuado e revisto de ofício pela autoridade administrativa nos seguintes casos:
> [...]
> V – quando se comprove omissão ou inexatidão, por parte da pessoa legalmente obrigada, no exercício da atividade a que se refere o artigo seguinte;
> [...]
> VII – quando se comprove que o sujeito passivo, ou terceiro em benefício daquele, agiu com dolo, fraude ou simulação.

### 2.1.3 O Lançamento por Homologação

Estabelece o art. 150 do CTN:

> Art. 150. O lançamento por homologação, que ocorre quanto aos tributos cuja legislação atribua ao sujeito passivo o dever de antecipar o pagamento sem prévio exame da autoridade administrativa, opera-se pelo ato em que a referida autoridade, tomando conhecimento da atividade assim exercida pelo obrigado, expressamente a homologa.
> § 1º O pagamento antecipado pelo obrigado nos termos deste artigo extingue o crédito, sob condição resolutória da ulterior homologação do lançamento.

[16] BORGES, José Souto Maior. **Lançamento Tributário.** 2. ed. São Paulo: Malheiros, 1999, p. 341.

[17] SANTI, Eurico Marcos Diniz de. **Decadência e prescrição no direito tributário.** 4. ed. São Paulo: Saraiva, 2011, p. 88.

Como se percebe, o lançamento por homologação ocorre quanto aos tributos cuja legislação determine ao sujeito passivo o dever de antecipar o pagamento sem prévio exame da autoridade administrativa, operando-se com o ato homologatório expresso da atividade assim exercida pelo obrigado.

Dentro da dinâmica obrigacional, que se estende do nascimento da obrigação tributária até a sua extinção por uma das modalidades previstas no art. 156 do CTN, a sequência natural é o pagamento ser efetuado num momento posterior à realização do lançamento, isto é, após a obrigação tributária tornar-se líquida, sendo isso o que se dá nos tributos lançados por declaração e de ofício.

Nos tributos sujeitos a lançamento por homologação, como é cediço, tem-se inversão entre o pagamento e o lançamento, de forma que, nos termos positivados no CTN, o sujeito passivo antecipa o pagamento e, num momento posterior, a Fazenda Pública, tomando conhecimento dessa atividade, expressamente a homologa, liquidando em definitivo a obrigação tributária correspondente.

Consoante a precisa lição de Hugo de Brito Machado, lançamento é atividade de liquidação, que torna líquida e certa a obrigação tributária, e atribui a esta o nome de crédito tributário, sendo certo que nos termos do CTN não existe autolançamento, nem tributo sem lançamento. Mesmo nos casos em que é pago sem ter sido apurado pela autoridade administrativa, o tributo é por este lançado, ainda que apenas mediante homologação tácita[18], consoante adiante se verá.

Fernando Sainz de Bujanda *apud* Aurélio Pitanga Seixas Filho defendeu na Espanha a necessidade de a dívida tributária ser liquidada pela autoridade administrativa:

> Porém, se penetrarmos no fundo do problema, advertiremos que existem razões muito sólidas para manter que a liquidação não chega propriamente a existir enquanto não exista um pronunciamento administrativo sobre a quantia da dívida, e que **esse pronunciamento é lógica e juridicamente insuprimível, quaisquer que sejam as modalidades de participação do particular no processo liquidatório.** A liquidação do tributo é uma função administrativa em que

[18] MACHADO, Hugo de Brito. A decadência e os tributos sujeitos a lançamento por homologação. **Revista Dialética de Direito Tributário.** São Paulo: Dialética, n. 59, 2000, p. 37.

> a colaboração do contribuinte pode adquirir graus diversos de intensidade, porém em nenhum caso destrói o caráter administrativo da função, mais concretamente, sua realização pela Administração Pública[19] (grifos nossos).

Fixada a necessidade de a Fazenda Pública liquidar em definitivo a obrigação tributária, tem-se, em linhas gerais, desconsideradas algumas imprecisões terminológicas em que incorreu o legislador, a sistemática relativamente simples e harmoniosa que o Código concebeu para o lançamento por homologação: paga-se antes, liquida-se em definitivo depois; se exato o pagamento, homologa-se; se inexistente ou insuficiente, incluídos aí o dolo, a fraude e a simulação, lança-se de ofício com os acréscimos legais, abatendo-se, entretanto, o valor correspondente ao pagamento antecipado (art. 150, § 3º). Se excessivo este, homologa-se até o montante devido e se restitui a parcela paga indevidamente (art. 165).

Anota Ricardo Lobo Torres que a doutrina mais antiga, bem como a estrangeira, referia-se ao "autolançamento", que seria aquele realizado pelo próprio contribuinte, como ocorre principalmente nos impostos indiretos (ICMS, IPI etc.). Assim, prossegue o citado autor, o contribuinte "lançava" em seus livros fiscais o crédito tributário, depois de verificar a ocorrência do fato gerador, e procedia ao recolhimento do *quantum debeatur* à Fazenda credora, acrescentado que esse autolançamento, entretanto, padecia de uma contradição fundamental, eis que o lançamento, sendo atividade privativa da Administração, não poderia realizá-lo o contribuinte. Daí por que o CTN preferiu recorrer à figura do lançamento por homologação[20].

Diante de tal dilema é que o Código Tributário Nacional adotou uma solução criativa, buscando conciliar a necessidade de ocorrência de um lançamento, por um lado, e por outro, as contingências práticas da economia de massa, que exigem o reconhecimento de que não é possível esperar uma atuação da Administração para cada lançamento individualmente considerado: o lançamento por homologação[21].

[19] BUJANDA, Fernando Sainz de apud SEIXAS FILHO, Aurélio Pitanga. Natureza jurídica do lançamento por homologação – mito – ficção. **Revista Dialética de Direito Tributário.** São Paulo: Dialética, n. 185, 2011, p. 17.

[20] TORRES, Ricardo Lobo. **Curso de direito financeiro e tributário.** 6. ed. Rio de Janeiro: Renovar, 1999, p. 241.

[21] SCHOUERI, Luís Eduardo. **Direito tributário.** 2. ed. São Paulo: Saraiva, 2012, p. 566.

Para Gilberto de Ulhôa Canto, o lançamento por homologação é hipótese diferente das duas outras modalidades (declaração e ofício), muito embora guarde certa semelhança com a primeira, devendo ser tratado como exceção à regra do art. 142, que conceitua o lançamento como atividade vinculada da administração e, como espécie peculiar, em que a atividade de constatar a ocorrência do fato gerador, determinar a matéria imponível e calcular o montante do tributo devido fica a cargo do próprio sujeito passivo, quando a lei o obriga a efetuar o pagamento por iniciativa própria e sem qualquer interferência da Fazenda Pública[22].

Posição diversa é sustentada por Ives Gandra da Silva Martins, que não vê por que entender-se serem diversos os princípios que regem o lançamento por homologação daqueles que regem os demais tipos de lançamento, tendo ele a mesma e idêntica natureza dos demais tipos de lançamento, constituindo-se apenas em técnica mais moderna para aplicação a determinadas espécies[23].

Seja como for, certo é que o CTN estipulou que, uma vez efetuado o pagamento antecipado do tributo pelo sujeito passivo, deveria a autoridade tributária homologar expressamente esse pagamento, ou como diz o Código, essa atividade (art. 150, *caput*).

Destarte, a homologação expressa pressupõe a existência de pagamento antecipado em valor suficiente para extinguir a obrigação tributária, quer seja ele acompanhado ou não de uma declaração. E tanto isso é verdade que, se o sujeito passivo recolher aleatoriamente qualquer valor suficiente para extinguir a obrigação tributária, ainda que não faça cálculo algum para a obtenção desse valor e, igualmente, não preste qualquer declaração acerca do débito em questão, será cabível a homologação expressa, de maneira que a prestação de uma declaração, embora possa ser extremamente importante ao exercício da fiscalização, não se afigura elemento essencial do lançamento por homologação, consoante se verá mais adiante.

Feitas essas considerações, é importante assinalar que o pagamento anteci-

[22] CANTO, Gilberto de Ulhôa. **Do Lançamento. Caderno de Pesquisas Tributárias n. 12.** Ives Gandra da Silva Martins (coordenador). São Paulo: Coedição Resenha Tributária e Centro de Estudos de Extensão Universitária, 1987, p. 18.

[23] MARTINS, Ives Gandra da Silva. **Do Lançamento. Caderno de Pesquisas Tributárias n. 12.** Ives Gandra da Silva Martins (coordenador). São Paulo: Coedição Resenha Tributária e Centro de Estudos de Extensão Universitária, 1987, p. 50.

pado, conquanto inserido no procedimento do lançamento por homologação, não integra o ato administrativo homologatório, nem com ele se confunde.

## 2.2 Distinção entre Lançamento por Declaração e Lançamento por Homologação

Consoante já assinalado, o lançamento por declaração previsto no art. 147 do CTN caracteriza-se pelo fato de o sujeito passivo ou terceiro estar obrigado a prestar declaração sobre o fato gerador à Administração Tributária, e esta, entendendo suficientes e adequadas as informações prestadas, efetua o lançamento e o notifica para promover o pagamento do tributo, assinalando-se prazo para tanto.

Já o lançamento por homologação tem como característica o fato de a legislação atribuir ao sujeito passivo o dever de antecipar o pagamento do tributo sem prévio exame da autoridade administrativa, a qual, tomando conhecimento dessa atividade, expressamente a homologa.

Na sistemática concebida pelo CTN, a Fazenda Pública tomava conhecimento da ocorrência do fato gerador com o pagamento antecipado efetuado pelo sujeito passivo. Neste passo, é preciso não perder de vista que o texto constante do *caput* do art. 150 foi redigido no início dos anos 1950, por ocasião dos Trabalhos da Comissão Especial do Código Tributário Nacional, época em que não havia rede bancária arrecadadora de tributos, ou se havia, era ela incipiente, de maneira que o pagamento antecipado era efetuado na repartição fiscal, como ainda acontece em grande parte dos municípios, sobretudo nos pequenos localizados Brasil afora.

Com o passar do tempo, a legislação tributária passou a exigir que o sujeito passivo não só promovesse o pagamento antecipado como prestasse declarações à Administração Tributária sobre o fato gerador do tributo correspondente ao pagamento, instituindo, entres outras, o que hoje corresponde à Declaração de Débitos e Créditos Tributários Federais (DCTF) e à Guia de Informação e Apuração do ICMS (GIA), esta no âmbito dos estados.

Segundo Hugo de Brito Machado, a diferença entre o lançamento por declaração e o lançamento por homologação reside em que, no primeiro, a lei impõe ao contribuinte o dever de prestar informações à Administração Tributária quanto ao fato gerador do tributo, mas a exigibilidade deste dependerá de uma providência da autoridade administrativa. Prestadas as informações, isto é, feita a declaração, o contribuinte aguarda o lançamento que a autoridade fará com base nelas, não tendo o dever de pagar antes de ser notificado do lançamento. Já, no segundo, o contribuinte é obrigado a apurar o valor do tributo e antecipar o pagamento respectivo, podendo ser, ou não, obrigado a levar à Administração Tributária informações quanto aos fatos com os quais trabalhou nessa apuração. Desta forma, a distinção essencial está no dever de antecipar o pagamento do tributo a qualquer manifestação da autoridade administrativa; se existe esse dever, o lançamento se opera por homologação, se não, caracteriza-se o lançamento por declaração[24].

Entende-se, contudo, que o fato de o sujeito passivo entregar declaração com informações sobre o fato gerador do tributo a que corresponde o pagamento antecipado não tem o condão de fazer com que o objeto da homologação passe a ser a declaração prestada, como defende uma parcela da doutrina. Em outras palavras, o objeto da homologação não é atividade de apuração levada a efeito pelo sujeito passivo e comunicada à Administração Tributária por meio da declaração prestada, mas continua a ser o pagamento antecipado, de maneira que, inexistente este, não há o que homologar.

## 2.3 A Declaração do Contribuinte como Confissão de Dívida

No âmbito federal, em 1984 foi publicado o Decreto-lei n. 2.124, o qual estabeleceu:

> Art. 5º O Ministro da Fazenda poderá eliminar ou instituir obrigações acessórias relativas a tributos federais administrados pela Secretaria da Receita Federal.
> § 1º O documento que formalizar o cumprimento de obrigação acessória, comunicando a existência de crédito tributário, constituirá confissão de dívida e instrumento hábil e suficiente para a exigência do referido crédito.
> § 2º Não pago no prazo estabelecido pela legislação o crédito, corrigido monetariamente e acrescido da multa de vinte por cento e dos juros de mora devidos, poderá ser imediatamente inscrito em dívida ativa, para efeito de cobrança executiva, observado o disposto no § 2º do artigo 7º do Decreto-lei nº 2.065, de 26 de outubro de 1983.

Referido dispositivo foi regulamentado pela Instrução Normativa SRF

[24] MACHADO, Hugo de Brito. **Lançamento tributário e decadência**. Hugo de Brito Machado (coordenador). São Paulo e Fortaleza, Coedição Dialética e ICET – Instituto Cearense de Estudos Tributários, 2002, p. 227.

n. 126 de 1998 e alterações posteriores, que, com fundamento na Portaria MF n. 118 de 1984, e atos legais supervenientes, instituíram a DCTF, encontrando-se, atualmente, a matéria disciplinada na Instrução Normativa RFB n. 1.599 de 2015, cujo art. 8º, *caput* e § 1º, dispõe que os valores informados na DCTF serão objeto de procedimento de auditoria interna e os saldos a pagar relativos a cada imposto ou contribuição nela informados, bem como os valores das diferenças apuradas em procedimentos de auditoria interna, relativos às informações indevidas ou não comprovadas prestadas na DCTF sobre pagamento, parcelamento, compensação ou suspensão de exigibilidade, poderão ser objeto de cobrança administrativa com os acréscimos moratórios devidos e, caso não liquidados, serão enviados para inscrição em Dívida Ativa da União.

Na esteira da legislação federal que instituiu a DCTF como instrumento hábil a ensejar a inscrição do débito fiscal declarado pelo próprio contribuinte em dívida ativa, anota Luís Eduardo Schoueri que, embora a sistemática do Código Tributário Nacional faça crer que sem o lançamento inexiste um crédito tributário, a jurisprudência tem visto tal formalidade como desnecessária, afirmando que o débito declarado prescinde de um lançamento para que se efetue a cobrança[25].

Nesse sentido é a Súmula n. 436 do STJ, publicada em 13 de maio de 2010, com o seguinte teor:

> A entrega de declaração pelo contribuinte reconhecendo débito fiscal constitui o crédito tributário, dispensada qualquer outra providência por parte do fisco.

Impende assinalar que esse entendimento consolidado na Súmula n. 436 do STJ não se afigura incompatível com o posicionamento que se adota no presente estudo, na medida em que preconiza ser desnecessário o lançamento para fins de inscrição em dívida ativa quando a declaração por parte do contribuinte não for acompanhada do pagamento, para fins de subsidiar a ação de execução fiscal, não afastando, por conseguinte, a hipótese de homologação tácita quando ocorrido o pagamento antecipado, uma vez que a prestação de uma declaração não desqualifica esse pagamento antecipado como aspecto material sobre o qual recai a homologação.

[25] SCHOUERI, Luís Eduardo. **Direito tributário**. 2. ed. São Paulo: Saraiva, 2012, p. 569.

## 2.4 O Cálculo do Montante do Tributo Devido, e não no Montante do Tributo a Pagar

O estudo do lançamento, tal qual definido no art. 142 do CTN, deve levar em consideração o detido exame da expressão "calcular o montante do tributo devido", a qual, registre-se, não há de ser confundida com "calcular o montante do tributo a pagar". Tem-se tributo devido pela simples ocorrência do fato gerador, pouco importando, para que se chegue a esse montante devido, a circunstância de o débito já ter sido pago num momento anterior ou de ser pago num momento futuro. Numa ou noutra hipótese tem-se tributo devido, que representa justamente o débito que se imputa ao sujeito passivo que se contraporá ao crédito decorrente do pagamento. Trata-se, antes de mais nada, de uma questão contábil.

Alberto Xavier afirma que não há lançamento na homologação expressa, porquanto esta nada exige, apenas confirma a legalidade de um pagamento efetuado, a título de quitação[26].

Se acaso tivesse o art. 142 do CTN empregado a expressão "cálculo do montante do tributo a pagar" inteira razão lhe assistiria, haja vista que, tratando-se de lançamento por homologação, uma vez promovido o pagamento antecipado, na forma estipulada pela legislação, não haveria tributo a pagar, e aí sim, poder-se-ia dizer que o lançamento por homologação seria figura estranha à definição insculpida no art. 142. Mas, sabiamente o Código não o fez, justamente porque estipulara que uma das modalidades de lançamento se caracteriza pela circunstância de o pagamento ser efetuado previamente ao ato de lançamento.

Nesse diapasão, ao determinar o montante do tributo devido, o lançamento nada mais faz do que imputar um débito ao sujeito passivo, o qual será extinto ao ser confrontado com um crédito do sujeito passivo decorrente do pagamento, quer tenha sido ele feito em momento anterior ao lançamento (homologação), quer posterior (declaração e ofício). Por sua vez, a existência de pagamento, antecipado ou não ao ato de lançamento, é fator externo que não o integra, mas, sim, o respectivo procedimento, que não se confunde com aquele, conforme já foi assinalado.

Destarte, seja o tributo lançado por declaração, de ofício ou por homologação, não haverá diferença qualquer quanto ao conteúdo do ato de lan-

[26] XAVIER, Alberto. **Do lançamento, teoria geral do ato, do procedimento e do processo tributário.** 2. ed. Rio de Janeiro: Forense, 1998, p. 90.

çamento propriamente dito, que tem por finalidade certificar a existência de tributo devido em decorrência de determinado fato gerador. Como visto, a diferença residirá no procedimento que antecede ao lançamento, e não no ato de lançamento propriamente dito.

Na visão de Aurélio Pitanga Seixas Filho, o recolhimento integral do tributo por parte do contribuinte desobriga-o do dever tributário, se tempestivamente feito, não havendo razão jurídica alguma para receber homologação expressa por algum órgão fiscal, já que nenhum valor jurídico é acrescentado à desobrigação, resultante exclusivamente, do recolhimento correto[27].

Ora, como seria possível a Fazenda Pública afirmar que houve recolhimento integral do tributo, de maneira a desobrigar o devedor, sem antes identificar o sujeito passivo, determinar a matéria tributável e calcular o montante do tributo devido?

Assevera Hugo de Brito Machado que o lançamento destina-se ao acertamento da obrigação tributária, o qual tem por finalidade conferir exigibilidade à obrigação, vale dizer, torná-la líquida, certa e, consequentemente, exigível[28].

Por essa razão, ainda que se entenda, entre outros, como Sacha Calmon Navarro Coêlho que, nos tributos em que há o dever de antecipar o pagamento sem prévio exame da autoridade administrativa, a exigibilidade do crédito está na lei, e não no ato jurídico do lançamento por homologação[29], isto não torna dispensável o lançamento, uma vez que sem a liquidação em definitivo da obrigação tributária por parte da Fazenda Pública não se conhecerá o *quantum* devido a título de tributo, de forma que nada poderá ser exigido do sujeito passivo.

Apenas na hipótese de ser dotada de poderes sobrenaturais como a vidência é que a autoridade administrativa poderia certificar a suficiên-

[27] SEIXAS FILHO, Aurélio Pitanga. **Do Lançamento. Caderno de Pesquisas Tributárias n. 12.** Ives Gandra da Silva Martins (coordenador) São Paulo: Coedição Resenha Tributária e Centro de Estudos de Extensão Universitária, 1987, p. 387.

[28] MACHADO, Hugo de Brito. **Lançamento tributário e decadência.** Hugo de Brito Machado (coordenador). São Paulo e Fortaleza: Coedição Dialética e ICET – Instituto Cearense de Estudos Tributários, 2002, p. 224.

[29] COÊLHO, Sacha Calmon Navarro. **Processo administrativo tributário – Pesquisas Tributárias – Nova Série n. 5.** Ives Gandra da Silva Martins (coordenador). São Paulo: Coedição Revista dos Tribunais e Centro de Extensão Universitária, 1999, p. 186.

cia do pagamento antecipado promovido pelo sujeito passivo, sem antes, obrigatoriamente, percorrer todo o *iter* procedimental descrito no art. 142 do CTN para, somente após constatada a suficiência desse mesmo pagamento antecipado, exarar o ato final homologatório.

Em resumo: o tributo devido resulta tão somente da ocorrência do fato gerador, e isso ocorre igualmente nas três modalidades de lançamento estipuladas pelo CTN, enquanto o tributo a pagar resulta da conjugação do fato gerador com a inexistência de pagamento.

Essas considerações encontram-se perfeitamente retratadas no resumo da Declaração do Imposto de Renda Pessoa Física (DIRPF), no qual se pode observar que do cálculo resultante dos rendimentos recebidos menos as deduções permitidas obtém-se, primeiramente, **o imposto devido**, e não diretamente **o imposto a pagar**.

Como é cediço, o valor do Imposto de Renda Retido na Fonte (IRRF), que, no exemplo dado, faz as vezes do pagamento antecipado a que se refere o art. 150, *caput*, do CTN, não integra o cálculo do montante do imposto de renda devido, sendo certo que é considerado apenas num momento posterior, para o fim de determinar a existência ou não de saldo de imposto a pagar. Por sua vez, a existência ou não de imposto de renda a pagar resultará da circunstância de ter ou não havido IRRF (pagamento antecipado).

Voltando, agora, à definição legal de lançamento do art. 142 do CTN, percebe-se que o ato de lançamento se exaure com a determinação do montante do tributo devido, não recebendo, pois, qualquer influência quanto à existência ou não de pagamento antecipado, o qual apenas será considerado num momento lógico posterior à realização do lançamento, e cujo crédito se contraporá ao débito resultante do lançamento.

Uma vez demonstrado que o lançamento por homologação se destina a apurar o montante do tributo devido, e não do montante do tributo a pagar, bem assim que o pagamento antecipado não integra o ato homologatório, guardando relação apenas com o procedimento que o antecede, pode-se concluir que o lançamento por homologação se amolda perfeitamente à definição contida no art. 142 do CTN.

Nesse ponto, vale registrar o ensinamento de Waldir Silveira Mello, segundo o qual o lançamento só existe de uma forma, isto é, nas condições impostas pelo artigo 142 do CTN, sendo que a forma procedimental do lançamento, baseada na homologação posterior aos registros e à antecipação de pagamento por parte do sujeito passivo, não altera, em nada, a necessidade de manifestação da autoridade administrativa competente e só depois disso é que ocorrerá o lançamento em si, porquanto, nas palavras do autor, antes nada mais existe do que acessoriabilidade do contribuinte para o desempenho final do sujeito ativo[30].

Além de distinguir-se quanto ao procedimento, haverá também diferença no conteúdo da notificação do lançamento. Com efeito, a distinção em relação às outras duas modalidades de lançamento (declaração e ofício) reside em que nestas a notificação do lançamento é para o sujeito passivo pagar o tributo, enquanto no lançamento por homologação a notificação dá ciência ao sujeito passivo de que há tributo devido, mas que ele já se encontra antecipadamente pago. Pode ocorrer, entretanto, de o sujeito passivo, por qualquer razão, promover a antecipação de pagamento em montante maior do que o devido e a Fazenda Pública vir, equivocadamente, homologar tal pagamento. Neste caso, o sujeito passivo poderá impugnar o lançamento por homologação, nos termos do art. 145, inciso I, do CTN, tal qual se dá com o lançamento por declaração e de ofício, impugnação esta que se traduzirá em autêntico pedido de restituição.

Essas considerações nos levam a concluir que, havendo homologação expressa, eventual pedido de restituição formulado pelo sujeito passivo há de ser também entendido como impugnação ao lançamento. Em outras palavras, faz-se necessário, ao menos sob o ponto da lógica do sistema, que o lançamento por homologação seja desconstituído para ensejar a repetição de indébito ao sujeito passivo. Por essa mesma razão, não será incorreto afirmar que todo pedido de restituição de tributo recolhido sob a modalidade de lançamento por homologação, formulado após cinco anos do fato gerador, traz implícito em seu bojo uma impugnação ao lançamento ficto em que se traduz a homologação tácita.

É evidente que, tratando-se de lançamento por homologação, a notificação somente deverá ter lugar se houver lançamento mediante homologação expressa, o que, na prática, quase nunca ocorre, de maneira que se afigura descabido cogitar-se de notificação quando o lançamento operar-se por ficção legal, ou seja, por meio da homologação tácita.

[30] MELLO, Waldir Silveira. **Do Lançamento. Caderno de Pesquisas Tributárias n. 12.** Ives Gandra da Silva Martins (coordenador). São Paulo: Coedição Resenha Tributária e Centro de Estudos de Extensão Universitária, 1987 p. 360-361.

## 2.5 A Impossibilidade de se Efetuar o Lançamento antes de Expirado o Prazo para Pagamento do Tributo

No caso dos tributos que se sujeitam ao lançamento por homologação, havendo prazo fixado na legislação para pagamento, enquanto não vencido esse prazo, é vedado à Fazenda Pública efetuar o ato de lançamento, quer porque não haverá pagamento a homologar, quer em razão de não se haver verificado a omissão ou inexatidão na antecipação de pagamento, que constituem pressupostos para o lançamento de ofício, nos termos do art. 149, inciso V, do CTN, como substituto daquele que, originariamente, deveria operar-se homologação.

Isso porque se a lei impõe ao sujeito passivo o dever de antecipar o pagamento do tributo, sem prévio exame da autoridade administrativa e, para tal, concede-lhe um prazo determinado, nada poderá a autoridade administrativa fazer senão aguardar o decurso desse prazo, para só então, ao verificar a omissão ou inexatidão na atividade de antecipação de pagamento, recusar a homologação e lançar de ofício.

Consoante leciona Hugo de Brito Machado, nos tributos em relação aos quais o lançamento se faz, ordinariamente, por homologação, porque o sujeito passivo está obrigado a antecipar o pagamento, tem-se aberta a oportunidade do lançamento de ofício a partir da data em que se vence o prazo para aquela antecipação[31].

Assim, havendo o dever de o sujeito passivo antecipar o pagamento do tributo, e prevendo a legislação um prazo para esse pagamento, a autoridade administrativa que efetuar o lançamento de ofício em substituição à homologação, antes de expirado esse prazo, poderá sujeitar-se à responsabilização funcional, além de, em tese, estar sujeita também a responder pela prática de excesso de exação, de que trata o art. 316, § 1º, do Código Penal, na medida em que teria utilizado meio mais gravoso para exigir o tributo do que o previsto em lei.

Como se percebe, excetuadas as raras situações em que a legislação determina o pagamento do tributo na data de ocorrência do fato gerador ou em data muito próxima a ela, como ocorre, *verbi gratia*, com o Imposto

[31] MACHADO, Hugo de Brito. **Processo administrativo tributário – Pesquisas Tributárias Nova Série n. 5**. Ives Gandra da Silva Martins (coordenador). São Paulo: Coedição Revista dos Tribunais e Centro de Extensão Universitária, 1999, p. 140.

de Importação (II) e o Imposto sobre Produtos Industrializados (IPI) vinculado à importação, que são tributos lançados por homologação durante o procedimento de desembaraço aduaneiro, uma vez que cabe ao sujeito passivo elaborar a declaração de importação, registrá-la no Sistema Integrado de Comércio Exterior (Siscomex) e proceder ao pagamento dos tributos, o prazo estipulado no § 4º do art. 150 do CTN, tido como decadencial, será sempre inferior a cinco anos se considerada a data do vencimento do tributo, e será tanto menor quanto maior for o prazo concedido para pagamento do tributo após a ocorrência do fato gerador.

Nesse contexto, se se considerar esse prazo como decadencial, consoante preconizado de forma pacífica pela doutrina e pela jurisprudência, na hipótese de a legislação conceder ao sujeito passivo prazo para pagamento do tributo, ter-se-ia um quadro em que o prazo decadencial já estaria fluindo antes mesmo de se tornar exercitável o direito por parte da Fazenda Pública e de se verificar a sua inércia, o que contraria frontalmente o instituto da decadência, conforme será demonstrado mais adiante, evidenciando que outra foi a finalidade visada pelo legislador ao positivar a norma contida no § 4º do art. 150.

## 2.6 A Homologação Tácita como Lançamento Ficto

Dispõe o § 4º do art. 150 do CTN:

> § 4º Se a lei não fixar prazo à homologação, será ele de 5 (cinco) anos, a contar da ocorrência do fato gerador; expirado esse prazo sem que a Fazenda Pública se tenha pronunciado, considera-se homologado o lançamento e definitivamente extinto o crédito, salvo se comprovada a ocorrência de dolo, fraude ou simulação.

Tivemos oportunidade de demonstrar noutra ocasião que a figura da homologação tácita positivada no § 4º do art. 150 não constava do Projeto de Lei de CTN enviado ao Congresso Nacional. Naquela oportunidade, manifestamos nossa opinião de que tal se deu em razão de o legislador ter se dado conta de que casos haveria — e seriam inúmeros — em que a Fazenda Pública não disporia de condições humanas e materiais para se manifestar expressamente sobre todos os pagamentos antecipados, de maneira que, ausente o lançamento por homologação expressa, daria ensejo à repetição do valor pago a esse título[32]. Nesse sentido também se manifestou Schubert de Farias Machado:

> Aqui é importante ressaltar que o prazo para a homologação expressa, assim como a sua forma tácita, foi colocado no Código Tributário Nacional para atender ao interesse do Fisco. Realmente, cabe ao Fisco lançar o tributo. Admitir um pagamento antes do lançamento somente seria possível se esse pagamento fosse considerado antecipado. Sendo assim, precisava ser verificado diante do valor que viesse a posteriormente ser lançado pelo Fisco. É evidente que essa situação não poderia perdurar indefinida no tempo. Fixou-se então o prazo de cinco anos para que o lançamento ocorresse. Contudo, uma vez vencido o prazo sem lançamento, restaria o pagamento antecipado sem causa, pelo que deveria ser restituído. Foi então prevista a homologação tácita, com a qual todos os pagamentos antecipados restariam legitimados pelo lançamento ficto. O problema estava equacionado pelo art. 150 e parágrafos do CTN[33].

Isso porque o Código adotou a linha de que o lançamento é sempre necessário e privativo da autoridade administrativa, nos termos do art. 142, conforme já demonstrado. Assim, ausente o lançamento por homologação expressa, a obrigação tributária não seria liquidada em definitivo pela Fazenda Pública, de forma que não se poderia afirmar que o montante devido seria, por exemplo, de R$ 100,00, de R$ 200,00 ou mesmo de zero, o que faria com que todo o valor pago antecipadamente pelo sujeito passivo fosse tido por indevido, ensejando, pois, o direito de repetição do indébito.

Leandro Paulsen rejeita a possibilidade de repetição de indébito em decorrência da ausência de lançamento, ao argumento de que o pagamento de valores implica confissão e extinção do crédito, dispensando qualquer lançamento por parte do Fisco relativamente ao montante pago[34]. Cabe lembrar, no entanto, que o regime de confissão de dívida, ao menos na

[32] SAMPAR, Marcos Donizeti. Tributos sujeitos a lançamento por homologação, prazo de vencimento e decadência. **Revista Dialética de Direito Tributário**. São Paulo: Dialética, n. 53, 2000, p. 52.

[33] MACHADO, Schubert de Farias. **Decadência e prescrição. Pesquisas Tributárias – Nova Série n. 13**. Ives Gandra da Silva Martins (coordenador). São Paulo: Coedição Revista dos Tribunais e Centro de Extensão Universitária, 2008, p. 357.

[34] PAULSEN, Leandro. **Constituição e código tributário comentados à luz da doutrina e da jurisprudência.** 18. ed. São Paulo: Saraiva, 2017, p. 1.199.

esfera federal, foi introduzido em 1984, pelo Decreto-lei n. 2.124, conforme já assinalado, ou seja, quase vinte anos depois da publicação do CTN, de maneira que se entende que não se pode interpretar o § 4º do art. 150 do Código, publicado em 1966, a partir dessas regras instituídas pelo legislador ordinário quase vinte anos depois. E mesmo porque o CTN, sendo norma geral, não pode ter sua interpretação imposta por lei ordinária, haveria que ser uma lei complementar (*exempli grata*, Lei Complementar 118 de 2005).

Assim, nesse cenário é que o legislador concebeu a discutida figura da homologação tácita, que nada mais é do que um lançamento por ficção legal que atribui juridicidade a um fato não ocorrido no mundo fenomênico, qual seja, o ato confirmatório expresso por parte da Fazenda Pública quanto aos pagamentos antecipados promovidos pelo sujeito passivo.

Acerca da ficção legal, ensina Roque Antonio Carrazza:

> Estamos, pois, percebendo que, na ficção, o ato, mais do que improvável ou inverossímil, é *falso* e, nesta medida, jamais será real. É um artifício do legislador, que transforma uma impossibilidade material numa possibilidade de natureza jurídica. Nesse sentido, é uma criação do legislador, que faz nascer uma verdade jurídica diferente da verdade real.
>
> Como ensina, com propriedade, Legaz y Lacambra, a ficção jurídica 'existe sempre a norma trata algo real como distinto, sendo igual; como igual, sendo diferente; como inexistente, tendo sucedido; como sucedido, sendo inexistente; mesmo com a consciência de que naturalmente não é assim'.
>
> A ficção está na esfera da imaginação, e, neste sentido, é uma invenção do Direito ou, se quisermos, uma disposição legal que tem por verdadeiro o que, na realidade, inexiste[35] (grifo original).

Destarte, diante da ausência de homologação expressa quanto a determinado pagamento antecipado, o CTN, por meio do § 4º do art. 150, considera, por ficção legal, ocorrido um lançamento por homologação tácita, produzindo, assim, os mesmos efeitos da homologação expressa. Com isso, o Código procurou manter-se fiel à linha adotada de que o lançamento pela Fazenda Pública é sempre necessário.

[35] CARRAZZA, Roque Antonio. **Curso de Direito Constitucional Tributário**. São Paulo: Malheiros, 18. ed. 2002, p. 410.

Corrobora a assertiva de que a homologação tácita produz os mesmos efeitos jurídicos da expressa o disposto no art. 156, inciso VII, do CTN, o qual estabelece que extinguem o crédito tributário o pagamento antecipado e a homologação do lançamento nos termos do disposto no art. 150 e seus §§ 1º e 4º. Percebe-se, assim, que o art. 156, inciso VII, ao fazer referência expressa aos §§ 1º e 4º do art. 150 deixou claro que o CTN colocou sob o mesmo manto jurídico as figuras da homologação expressa e tácita, atribuindo-lhes idênticos efeitos, com a diferença de que na homologação expressa tem-se um ato humano de aplicação da lei ao caso concreto e na homologação tácita opera-se uma ficção legal, a qual considera, para todos os efeitos legais, existente o que, no mundo dos fatos, não existiu, isto é, um ato de homologação por parte da Fazenda Pública.

Nesse sentido é a lição de José Souto Maior Borges, o qual afirma que o art. 150, § 4º, do CTN introduz no âmbito do Direito Tributário uma ficção legal, porque com o decurso do quinquênio tem-se juridicamente como sucedido algo que concretamente não ocorreu, ou seja, a homologação. Este preceito contempla hipótese de equiparação da homologação tácita à homologação expressa pelo Fisco, de maneira que, transcorrido o quinquênio, é como se homologação expressa tivesse efetivamente ocorrido[36].

Compreende-se que isso seja decorrência natural do princípio da indisponibilidade da coisa pública, na qual se insere o crédito decorrente da obrigação tributária, a teor dos arts. 3º, 141 e 183 do CTN, entre outros, cuja liquidação definitiva não poderia, por isso mesmo, ser deixada a cargo do sujeito passivo.

Traz-se à baila, a propósito, o ensinamento de Fernando Sainz de Bujanda *apud* Aurélio Pitanga Seixas Filho, segundo o qual na hipótese de a liquidação da dívida tributária ser promovida pelo sujeito passivo é indispensável uma homologação, tácita ou presumida, por parte da autoridade administrativa:

> Porém, ele também ocorre quando a declaração apresentada pelo particular é ajustada ao Direito. Efetivamente, neste suposto a declaração não se converte em liquidação obra exclusiva do sujeito passivo que a praticou, senão mercê de uma decisão – que é inclusive tácita ou presumida – da Administração, que faz seu o projeto de liquidação oferecido pelo devedor. Sem pronunciamento administrativo, qualquer que seja a forma que este se manifeste, não há, em suma, um

[36] BORGES, José Souto Maior. **Lançamento Tributário**. 2. ed. São Paulo: Malheiros, 1999, p. 397.

ato que produza os efeitos jurídicos da liquidação[37].

Em consonância com tal linha de entendimento, verifica-se da leitura do § 4º do art. 150 do CTN que o dispositivo instituiu um lançamento ficto, o qual se opera ao cabo de cinco anos contados do fato gerador sempre que a Fazenda Pública não se manifestar expressamente sobre o pagamento antecipado promovido pelo sujeito passivo. Vale dizer, o Código Tributário Nacional idealizou um sistema de arrecadação tributária em que o lançamento, com a função de constituir o crédito tributário, sempre deve existir, real ou fictamente[38].

Há quem sustente que a homologação tácita é um nada jurídico. Misabel Abreu Machado Derzi registra que a boa doutrina admite o ato administrativo tácito e, apoiada nos ensinamentos de Seabra Fagundes e Ranelletti, afirma que, quando se pede um pronunciamento para o qual haja um prazo peremptório, atribuem-se à inércia da Administração efeitos jurídicos próprios do ato expresso[39].

Registre-se- que a ficção jurídica não se verifica tão somente no plano legal, cabendo lembrar que, nos termos do art. 66, § 3º, da atual Carta Magna, decorrido o prazo de quinze dias para o veto ou sanção expressa de projeto de lei, sem que qualquer deles ocorra, o silêncio do Presidente da República importará sanção, ou seja, ocorrerá a denominada sanção tácita.

Ora, desde pelo menos 1946, as Constituições da República preveem a figura da sanção tácita de projeto de lei aprovado pelo Congresso Nacional pelo simples silêncio do Presidente da República no transcurso de um prazo, atualmente de quinze dias, ingressando tais leis no ordenamento jurídico do mesmo modo que aquelas sancionadas expressamente, com aptidão, inclusive, para revogá-las. E nem por isso, ao que consta, questiona-se acerca da validade e eficácia das leis sancionadas pelo silêncio — tudo operado no plano da ficção!

[37] BUJANDA, Fernando Sainz de apud SEIXAS FILHO, Aurélio Pitanga. Natureza jurídica do lançamento por homologação – mito – ficção. **Revista Dialética de Direito Tributário.** São Paulo: Dialética, n. 185, 2011, p, 24.

[38] OLIVEIRA, Ricardo Mariz de. **Do Lançamento. Caderno de Pesquisas Tributárias n. 12.** Ives Gandra da Silva Martins (coordenador). São Paulo: Coedição Resenha Tributária e Centro de Estudos de Extensão Universitária, 1987, p. 130.

[39] DERZI, Misabel Abreu Machado. **Comentários ao Código Tributário Nacional.** 4. ed. Carlos Valder do Nascimento (coordenador). Rio de Janeiro: Forense, 1999, p. 404.

Acerca da sanção, anota Manoel Gonçalves Ferreira Filho que de dois modos se manifesta a sanção presidencial — expressa e tacitamente, sendo expressa sempre que o Presidente der sua aquiescência, formalizando-a, no prazo de quinze dias úteis contados do recebimento do projeto (art. 66), e é tácita, quando o Presidente deixa escoar esse prazo sem manifestação de discordância (art. 66, § 3º). Acrescenta, ainda, que a ausência de sanção no prazo constitucional de modo algum faz caducar o projeto, mas o torna lei, perfeita e acabada, porque é forma silente de sanção, que foi prevista em nosso Direito para evitar o "engavetamento" de projetos pelo Presidente[40].

Seria o caso de se indagar a razão pela qual o CTN, norma infraconstitucional, não poderia, validamente, instituir uma ficção legal acerca de matéria de envergadura nitidamente menor — concordância com um pagamento de tributo — quando a própria Constituição Federal veicula uma ficção jurídica em matéria de maior relevo, qual seja, a aprovação de uma lei. E note-se que, nesse contexto, o próprio CTN poderia ser decorrência de uma ficção jurídica operada no curso de seu processo legislativo.

Diante da ausência de homologação expressa quanto a determinado pagamento antecipado, o CTN, por meio do § 4º do art. 150, considera, por ficção legal, ocorrido um lançamento por homologação tácita, produzindo, assim, os mesmos efeitos da homologação expressa. Com isso, o Código procurou manter-se fiel à linha adotada de que o lançamento é sempre necessário e privativo da Fazenda Pública, mantendo sua coerência interna.

## 2.7 O Contexto em que a Homologação Tácita foi Inserida no Código Tributário Nacional

Consoante já assinalado, o exame do texto final do Projeto de Código Tributário Nacional demonstra que, no art. 112 (atual 150), não constava o § 4º, o que demonstra que o dispositivo fora inserido posteriormente, havendo, até então, somente previsão de homologação expressa. Referido art. 112 do Projeto de CTN tinha a seguinte redação:

> Art. 112. O lançamento por homologação, que ocorre quanto aos tributos cuja legislação atribua ao contribuinte o dever de efetuar o pagamento sem prévio exame da autoridade administrativa, opera-se pelo ato em virtude do qual a refe-

[40] FERREIRA FILHO, Manoel Gonçalves. **Curso de direito constitucional**. 23. ed. São Paulo: Saraiva, 1996, p. 169.

> rida autoridade, tomando conhecimento da atividade assim exercida pelo contribuinte, expressamente a homologa.
> § 1º Nos casos previstos neste artigo, o pagamento só dá lugar à extinção do crédito à data da homologação nele referida.
> § 2º Não afetam a obrigação tributária principal quaisquer atos, anteriores ao lançamento por homologação, praticados pelo contribuinte ou por terceiro, visando a extinção total ou parcial do crédito.
> § 3º Os atos a que se refere o parágrafo anterior serão considerados na apuração do saldo porventura devido e, sendo caso, na imposição e graduação de penalidades[41].

Desta forma, o lançamento por homologação somente seria efetuado por meio de manifestação expressa da autoridade administrativa. Por outro lado, a doutrinariamente denominada regra geral de decadência[42] (atual 173) já se encontrava regulada no art. 138 do Projeto de CTN, nos seguintes termos:

> Art. 138. O direito da Fazenda Pública exercer a atividade prevista na legislação tributária para a constituição do crédito extingue-se, com o decurso do prazo de cinco anos, contados:
> I - Do primeiro dia do exercício seguinte àquele em que o lançamento poderia ter sido efetuado;
> II - Da data em que se tornar definitiva a decisão que houver anulado, por vício formal, o lançamento anteriormente efetuado.
> § 1º Considera-se iniciado o exercício da atividade a que se refere este artigo pela notificação, ao contribuinte, de qualquer medida preparatória indispensável ao lançamento.
> § 2º O direito a que se refere este artigo fica definitivamente extinto com o decurso do prazo nele previsto, contado da data em que foi iniciado o exercício da atividade nele referida.
> § 3º Em caso algum o direito referido neste artigo poderá ser exercido depois de decorridos trinta anos, contados da data do fato gerador da obrigação[43].

[41] BRASIL. **Trabalhos da Comissão Especial do Código Tributário Nacional**. Rio de Janeiro: Ministério da Fazenda, 1954, p. 51.
[42] FANUCCHI, Fábio. **A Decadência e a Prescrição em Direito Tributário**. 2. ed. São Paulo: Resenha Tributária, 1982, p. 88.
[43] BRASIL. **Trabalhos da Comissão Especial do Código Tributário Nacional**. Rio de Janeiro: Ministério da Fazenda, 1954, p. 60.

Isso evidencia que, para a Comissão que elaborou e aprovou o Projeto de CTN, seja qual fosse a modalidade de lançamento adotada, a regra de decadência seria única, dispondo a Fazenda Pública, para efetuar o lançamento, do prazo de cinco anos contados do primeiro dia do exercício seguinte àquele em que o lançamento poderia ser efetuado. Em outras palavras, de acordo com o Projeto de CTN, a Fazenda Pública teria idêntico prazo para lançar o tributo, tanto de ofício como por declaração, ou ainda, para homologar expressamente o pagamento.

Assim, a discutida figura da homologação tácita positivada no § 4º do art. 150 não constava do Projeto de Lei de CTN enviado ao Congresso Nacional, tendo sido inserida por ocasião de nova revisão levada a cabo em 1965, quando o Presidente da República retirou o projeto do Congresso para tornar a enviá-lo, já revisto e adequado à Emenda n. 18 à Constituição de 1946.[44] Uma vez enviado ao Congresso Nacional em setembro de 1966, o Projeto de CTN, revisto pelo Executivo, não sofreu qualquer alteração em seu texto durante a tramitação no Parlamento, tendo sido aprovado em regime de urgência.

É de se pontuar que o § 4º do art. 150 traz em seu bojo a expressão considera-se "homologado o lançamento", repetida no art. 156, inciso VII, quando, a rigor, deveria estipular considera-se "homologado o pagamento", nos mesmos moldes com que disciplinou a homologação expressa (art. 150, *caput,* c/c § 1º), de maneira que se entende que o objeto da homologação tácita seja igualmente o pagamento antecipado e não um lançamento praticado pelo sujeito passivo.

Luís Eduardo Schoueri, ao comentar que o referido § 4º não constava do Anteprojeto de CTN, afirma, com razão, que talvez esta situação explique a circunstância de que o trecho acaba implicando contradição com os dispositivos anteriores[45].

Como se percebe, a homologação tácita foi inserida no CTN para atender ao interesse da Fazenda Pública, na medida em que considera, por ficção legal, ocorrido um lançamento justamente para suprir a inércia no exercício da homologação expressa. Não se trata, portanto, de barreira imposta à Administração Tributária ao exercício do direito de constituir o crédito tri-

[44] COSTA, Alcides Jorge. **Estudos sobre o Imposto de Renda (Em Memória de Henry Tilbery).** Ives Gandra da Silva Martins (coordenador) São Paulo: Resenha Tributária, 1994, p. 25.
[45] SCHOUERI, Luís Eduardo. **Direito tributário.** 2. ed. São Paulo: Saraiva, 2012, p. 567.

butário após cinco anos contados do fato gerador, mas sim de uma espécie de trava legitimadora dos pagamentos antecipados promovidos pelo sujeito passivo, impedindo-o de repetir o valor pago a título de tributo naqueles casos em que não há manifestação expressa da Fazenda Pública.

Inteiramente aplicável, portanto, a observação de Bernardo Ribeiro de Moraes quando afirma que, embora alguns autores entendam haver prazo de decadência no lançamento por homologação, o certo é que, nesta modalidade, o Poder Público jamais perde o seu direito à constituição do crédito tributário, visto a homologação *ex lege*[46].

Em resumo, o dispositivo constante do § 4º, denominado doutrinariamente de homologação tácita, foi introduzido no CTN para atender ao interesse da Fazenda Pública, no entanto, paradoxalmente, acabou sendo interpretado pela doutrina e pela jurisprudência em seu desfavor, uma vez que nele enxergaram regra especial de decadência.

## 2.8 A Lei a que se Refere a Parte Inicial do § 4º do art. 150 do Código Tributário Nacional

Dispõe a parte inicial do § 4º do art. 150 do CTN que, "se a lei não fixar prazo à homologação, será ele de cinco anos, a contar da ocorrência do fato gerador", divergindo a doutrina quanto a que lei se refere o dispositivo e qual o seu alcance.

Segundo Alberto Xavier, a aludida lei só pode ter o alcance de reduzir o prazo de cinco anos, com base no reconhecimento da suficiência de menor período para o exercício do poder de controle, mas nunca de excedê-lo, funcionando, assim, os cinco anos como limite máximo do prazo decadencial, o que seria decorrência da função garantística que a lei complementar desempenha em matéria de prescrição e decadência, cuja limitação no tempo é corolário do princípio da segurança jurídica, que é um limite constitucional implícito ao poder de tributar[47].

Luciano Amaro sustenta, numa visão sistemática do CTN, que a lei

[46] MORAES, Bernardo Ribeiro de. **Decadência e prescrição. Caderno de Pesquisas Tributárias,** v. 1, 3. tiragem. Ives Gandra da Silva Martins (coordenador). São Paulo: Coedição Resenha Tributária e Centro de Estudos de Extensão Universitária, 1991, p. 47.

[47] XAVIER, Alberto. A contagem dos prazos no lançamento por homologação. **Revista Dialética de Direito Tributário.** São Paulo: Dialética, n. 27, 1997, p. 9-10.

pode apenas fixar prazo menor para a homologação[48]. Já Ives Gandra da Silva Martins entende que o § 4º do art. 150 permite que a lei ordinária ultrapasse o prazo de cinco anos da ocorrência do fato gerador para o primeiro dia do exercício seguinte ao que o lançamento poderia ter sido efetuado[49]. Por outro lado, José Souto Maior Borges afirma que lei referida no § 4º é a lei ordinária da União, dos estados, do Distrito Federal e dos municípios, dado que essa matéria se insere na competência legislativa das pessoas constitucionais[50].

No julgamento dos Recursos Extraordinários 556.664/RS, 559.882/RS e 560.626/RS[51], ocorrido em 12 de junho de 2008, nos quais se discutiu a constitucionalidade dos arts. 45 e 46, da Lei n. 8.212 de 1991, que estabeleciam em dez anos os prazos de decadência e de prescrição, relativamente às contribuições para a seguridade social, o Min. Relator Gilmar Mendes afastou a interpretação dada pela Fazenda Pública de que a parte inicial do § 4º do art. 150 do CTN possibilitaria à lei ordinária estabelecer prazo decadencial diferente do prazo de cinco anos constante do dispositivo, e deixou assentado que a palavra lei empregada no § 4º do art. 150 do CTN deve, à luz da Constituição de 1988, ser lida como lei complementar.

É certo que o art. 146, inciso III, alínea "b", da Constituição Federal de 1988 atribui à lei complementar a competência para tratar sobre obrigação, lançamento, crédito, prescrição e decadência tributários. Nesse contexto, o Código Tributário Nacional, originariamente introduzido no ordenamento jurídico brasileiro como lei ordinária, foi recepcionado pela atual Carta Magna com *status* de lei complementar, uma vez que disciplina as matérias mencionadas.

Vê-se, assim, que o STF considerou que a matéria tratada no aludido § 4º era relativa à decadência, e, desta forma, com fundamento no Texto Constitucional, considerou que a lei ali referida haveria de ser, necessariamente, lei complementar.

Entretanto, a linha defendida no presente trabalho é no sentido de que

[48] AMARO, Luciano. **Direito tributário brasileiro.** 21. ed. São Paulo: Saraiva, 2016, p. 439.

[49] MARTINS, Ives Gandra da Silva. **Prescrição e decadência – Caderno de Pesquisas Tributárias,** v. 1, 3. tiragem. Ives Gandra da Silva Martins (coordenador). São Paulo: Coedição Resenha Tributária e Centro de Estudos de Extensão Universitária, 1991, p. 196.

[50] BORGES, José Souto Maior. **Lançamento Tributário.** 2. ed. São Paulo: Malheiros, 1999, p. 395.

[51] RE 556.664/RS, 559.882/RS e 560.626/RS, Rel. Min. Gilmar Mendes, Tribunal Pleno, Data de Julgamento 12/06/2008.

o dispositivo referido não trata de regra de decadência, e sim de lançamento, o que, num primeiro momento, poderia levar à conclusão de que, sendo a matéria lançamento também abrangida pelo art. 146, inciso III, alínea "b", da Constituição Federal de 1988, a referência à palavra lei contida no § 4º haveria, igualmente, de ser entendida como lei complementar.

Tal raciocínio, no entanto, não deve prevalecer. Tome-se como exemplo o IPTU, tributo comumente lançado originariamente de ofício, cujo fato gerador ocorre, em regra, em 1º de janeiro de cada exercício financeiro, dispondo, portanto, a Fazenda Pública do prazo de seis anos para lançar o tributo, nos termos do art. 173, inciso I, do CTN.

Nesse caso, entende-se que a lei ordinária municipal ou distrital pode, validamente, estabelecer prazo razoável para, uma vez ocorrido o fato gerador, o seu servidor promover o lançamento do tributo, cominando-lhe, também, sanções administrativas para a inobservância desse prazo. Trata-se, na hipótese, de norma que diz respeito à relação funcional entre o ente público e seu servidor, que nada tem a ver com relação jurídica existente entre a Fazenda Pública e o sujeito passivo, de maneira que o prazo para promover o lançamento pode eventualmente ser descumprido pelo servidor, sem que isso signifique, necessariamente, o perecimento do direito da Fazenda Pública em face do sujeito passivo. Sob essa ótica são, portanto, rigorosamente distintos o prazo para o servidor público lançar e o prazo para verificação da decadência.

Aplicável ao caso se mostra o ensinamento de Hugo de Brito Machado quando afirma que a posição do Estado não se confunde com a posição da autoridade administrativa, sendo que o Estado tem um direito e a autoridade, um dever[52].

Entende-se, assim, que a parte inicial constante do § 4º do art. 150 há de ser interpretada no sentido de que a lei ali referida é lei ordinária emanada da pessoa política competente para instituir e exigir o tributo, cujo objeto não versaria propriamente sobre aspectos estruturais do lançamento, *verbi gratia*, como sua definição e modalidades, mas objetivaria disciplinar a relação funcional existente entre a pessoa jurídica de direito público interno (União, estados, Distrito Federal e municípios) e o seu servidor, fixando-se prazo para que a autoridade administrativa compe-

[52] MACHADO, Hugo de Brito. **Curso de direito tributário.** 37. ed. São Paulo: Malheiros, 2016, p. 178.

tente se manifeste sobre o pagamento antecipado, inclusive com previsão de eventuais sanções administrativas para a inobservância desse prazo, não guardando, deste modo, qualquer relação com a decadência.

No que se refere à possibilidade de encurtamento ou alargamento do prazo de cinco anos contados do fato gerador para o ato de homologação por parte da autoridade administrativa, deve-se levar em conta o objetivo visado pelo legislador quando da inserção da figura da homologação tácita no CTN, qual seja o de fazer operar um lançamento ficto antes de ocorrer a decadência, contada pela regra do art. 173, inciso I. Nesse contexto, se o prazo decadencial varia de cinco anos e um dia a seis anos, nos termos do art. 173, inciso I, conforme será adiante demonstrado, seria teratológica a lei que ampliasse o prazo quinquenal referido no § 4º do art. 150, para o servidor homologar expressamente o pagamento antecipado, uma vez que já se poderia ter verificado a decadência, na forma do art. 173, inciso I.

Em resumo, se o § 4º cuida de lançamento, e não decadência, como se sustenta no presente trabalho, o prazo concedido pela lei ordinária da União, dos estados, do Distrito Federal e dos municípios para o seu servidor lançar o tributo (homologar expressamente o pagamento antecipado), por óbvio, haverá de ser sempre inferior ao prazo decadencial (art. 173, inciso I).

# Capítulo 3

# A Decadência e o Pagamento Antecipado Homologado como Modalidades de Extinção do Crédito Tributário

## 3.1 As Modalidades de Extinção do Crédito Tributário: Conceito e Generalidades

O vocábulo *extinção*, que é uma derivação latina de *exstinctio*, de *exstinguere*, significa a terminação ou o desaparecimento do crédito tributário[53].

O art. 113, § 1º, do CTN dispõe que a obrigação tributária principal surge com a ocorrência do fato gerador e extingue-se juntamente com o crédito dela decorrente, dispositivo que guarda harmonia com o contido no art. 139, do mesmo Código, o qual estabelece que o crédito tributário decorre da obrigação tributária principal e tem a mesma natureza desta. Isso significa que, em regra, uma vez extinto o crédito tributário, igualmente extinta estará a obrigação tributária que lhe deu origem. Poderá, contudo, haver extinção do crédito tributário sem que haja extinção da obrigação tributária correspondente, nos casos em que se decidir pela existência de vício formal na constituição do crédito tributário. Poderá ocorrer, ainda, que a obrigação tributária seja extinta sem que nem sequer tenha existido crédito tributário, como se dá com a decadência.

O art. 156 do CTN arrola, em seus incisos, doze modalidades de extinção do crédito tributário, nos seguintes termos:

[53] NASCIMENTO. Carlos Valder. **Comentários ao Código Tributário Nacional**. 4. ed. Carlos Valder do Nascimento (coordenador). Rio de Janeiro: Forense, 1999, p. 423.

Art. 156. Extinguem o crédito tributário:

I – o pagamento;

II – a compensação;

III – a transação;

IV– a remissão;

V – a prescrição e a decadência;

VI – a conversão do depósito em renda;

VII – o pagamento antecipado e a homologação do lançamento nos termos do disposto no art. 150 e seus §§ 1º e 4º;

VIII – a consignação em pagamento, nos termos do disposto no § 2º do art. 164;

IX – a decisão administrativa irreformável, assim entendida a definitiva na órbita administrativa, que não mais possa ser objeto de ação anulatória;

X – a decisão judicial passada em julgado;

XI – a dação em pagamento em bens imóveis, na forma e condições estabelecidas em lei.

Segundo Rubens Gomes de Sousa, extinção da obrigação é, de um ponto de vista geral, qualquer ato ou fato que libere o sujeito passivo (devedor) da sujeição em que se encontra ao poder jurídico do sujeito ativo (credor), fazendo desaparecer o direito deste contra aquele. A hipótese mais comum de extinção das obrigações é o cumprimento, pelo sujeito passivo, da prestação a que está obrigado para com o sujeito ativo[54].

Em Direito Tributário, o modo mais usual de extinção do crédito tributário é o pagamento, ou seja, a entrega de dinheiro por parte do sujeito passivo ao sujeito ativo, a título de tributo. O legislador do CTN optou por desmembrar essa entrega de dinheiro em duas modalidades distintas de extinção do crédito tributário: pagamento e pagamento antecipado desde que homologado pela Fazenda Pública, levando-se em conta a existência ou não de anterior lançamento. Assim, o pagamento destina-se à extinção do crédito tributário e, por consequência, da obrigação tributária correspondente a tributos lançados de ofício e por declaração, enquanto o pagamento antecipado extingue o crédito tributário e a obrigação correspondente relativa a tributos sujeitos a lançamento por homologação.

É importante observar que do Projeto de Lei de CTN elaborado pela

[54] SOUSA, Rubens Gomes de. **Compêndio de legislação tributária**. São Paulo: Resenha Tributária, 1975, p. 113.

Comissão Especial do Ministério da Fazenda constava no art. 118, inciso I, tão somente o pagamento como modalidade de extinção do crédito tributário[55], não havendo qualquer referência ao pagamento antecipado homologado, muito embora o art. 112 do aludido Projeto já contemplasse o lançamento por homologação[56].

Ao presente estudo interessam mais diretamente as modalidades de extinção do crédito tributário consistentes na decadência e no pagamento antecipado homologado, os quais passam a ser mais bem examinados nos tópicos seguintes.

## 3.2 A Decadência no Direito Tributário Brasileiro

### 3.2.1 Conceito de Decadência

Não há definição de decadência, quer na doutrina civilista quer na tributária, que não contenha, em sua essência, o decurso do tempo e a inércia do titular em exercer um direito. Na lição de Câmara Leal, decadência é a extinção do direito pela inércia de seu titular, quando sua eficácia foi, de origem, subordinada à condição de seu exercício dentro de um prazo prefixado, e que se esgotou sem que esse exercício se tivesse verificado[57].

De acordo com Bernardo Ribeiro de Moraes, decadência vem do verbo latino *cadere* (cair). É formado pelo prefixo latino *de* (de cima de), pela forma verbal *cado* (*decadere*) e pelo sufixo "ência" (*entia*: ação ou estado) — decadência é, assim, ação de cair ou o estado daquilo que caiu, tendo como sinônimos os vocábulos ou expressões "caducidade", "prazo prefixado" ou "prazo extintivo"[58].

A decadência apresenta, segundo Câmara Leal, três traços distintivos em relação à prescrição:

**a)** a decadência extingue diretamente o direito e, indiretamente, a ação que o protege, ao passo que a prescrição extingue diretamente a

[55] BRASIL. **Trabalhos da Comissão Especial do Código Tributário Nacional.** Rio de Janeiro: Ministério da Fazenda, 1954, p. 54.

[56] BRASIL. **Trabalhos da Comissão Especial do Código Tributário Nacional.** Rio de Janeiro: Ministério da Fazenda, 1954, p. 51.

[57] LEAL, Antônio Luís da Câmara. **Da Prescrição e da Decadência.** 2. ed. Rio de Janeiro: Forense, 1959, p. 115.

[58] MORAES, Bernardo Ribeiro de. **Decadência e prescrição. Caderno de Pesquisas Tributárias**, v. 1, 3. tiragem. Ives Gandra da Silva Martins (coordenador). São Paulo: Coedição Resenha Tributária e Centro de Estudos de Extensão Universitária, 1991, p. 38.

ação e, por consequência, o direito que protege;

**b)** a decadência começa a correr desde o momento em que o direito nasce, a prescrição não tem o seu início com o nascimento do direito, mas só começa a correr desde o momento em que o direito é violado, ameaçado ou desrespeitado, porque nesse momento é que nasce a ação, contra a qual a prescrição se dirige; e

**c)** a decadência supõe um direito que, embora nascido, não se tornou efetivo pela falta de exercício, ao passo que a prescrição supõe um direito nascido e efetivo, mas que pereceu pela falta de proteção pela ação, contra a violação sofrida[59].

Na seara tributária, de acordo com Ricardo Lobo Torres, decadência é a perda do direito de constituir o crédito tributário pelo lançamento[60]. A segurança jurídica e a paz social justificam a demarcação de prazo legal para a constituição do crédito tributário, evitando que o direito potestativo da Fazenda Pública se perpetue[61].

Em Direito Tributário, o lançamento é marco divisor entre a decadência e a prescrição. Enquanto a decadência se refere ao prazo para constituição do crédito tributário, fulminando o direito material de que é titular a Fazenda Pública, a prescrição atinge o crédito tributário já constituído, de maneira que antes do lançamento tem-se prazo decadencial, ao passo que, após o lançamento, flui o prazo prescricional.

### 3.2.2 Objeto da Decadência no Direito Tributário Brasileiro

Em monografia pioneira apresentada no Curso de Especialização de Direito Tributário, da Faculdade de Direito da Universidade de São Paulo, em 1969, tendo como tema a decadência e a prescrição em matéria tributária, Fábio Fanucchi mencionou as seguintes condições para que se verifique a decadência, bem como a prescrição[62]:

[59] LEAL, Antônio Luís da Câmara. **Da Prescrição e da Decadência.** 2. ed. Rio de Janeiro: Forense, 1959, p. 114-115.

[60] TORRES, Ricardo Lobo. **Curso de direito financeiro e tributário.** 6. ed. Rio de Janeiro: Renovar, 1999, p. 258.

[61] PRAXEDES, Francisco de Assis. Crédito tributário. Constituição. Lançamentos com base na declaração e de ofício. Decadência. Quando ocorre. **Revista Dialética de Direito Tributário.** São Paulo: Dialética, n. 176, 2010, p. 71.

[62] FANUCCHI, Fábio. **A Decadência e a Prescrição em Direito Tributário.** 2. ed. São Paulo: Resenha Tributária, 1982, p. 24.

a. existência de um direito exercitável;
b. inércia do titular em exercitá-lo;
c. continuidade dessa inércia durante um lapso de tempo previamente marcado.

À noção de inércia contrapõe-se a de ação, em sentido amplo, por isso descabe falar em decadência após exercido o direito, porque, nesta hipótese, já terá cessado a inércia de seu titular. Também não se cogita de decadência e, por conseguinte, de curso do prazo decadencial, antes de verificada a possibilidade jurídica de exercício do direito, pois ainda não terá havido a inércia do seu titular.

Destarte, o prazo decadencial sempre haverá de estar compreendido entre o exato momento em que nasce o direito e o instante em que esse direito é exercido, ou, caso não seja, o termo final do prazo fixado na legislação para o seu exercício.

O art. 113 do Código Tributário Nacional estabelece que a obrigação tributária principal nasce com a ocorrência do fato gerador, instaurando-se, neste momento, uma relação jurídica entre os sujeitos ativo e passivo, tendo por objeto o pagamento do tributo.

Embora nascida a obrigação tributária, em regra, não é permitido ao sujeito ativo, desde logo, exigir seu cumprimento, impondo-se, para tanto, a constituição do crédito tributário pelo lançamento, nos termos do art. 142 do CTN.

Por essa razão, diz-se que o Código adotou a teoria de que o lançamento possui natureza declaratória da obrigação e constitutiva do crédito. Assim, quanto à natureza jurídica do lançamento, não tem ele eficácia constitutiva, uma vez que a obrigação lhe é preexistente, tendo nascido com a ocorrência do fato gerador.

Fábio Fanucchi assinala que o objeto da decadência no Direito Tributário é a obrigação tributária e não o crédito tributário, ao argumento de que, se é a obrigação principal a que nos interessa, se ela surge com a ocorrência do fato gerador e se o fato gerador "é a situação definida em lei como necessária e suficiente à sua ocorrência", está marcado o instante em que nasce o direito de o poder tributante exigir a satisfação dela. E é a partir daí que tem início o prazo de decadência desse direito, se o seu titular não praticar tempestivamente o ato que a legislação exige para que ele se afirme, tradutor da declaração de vontade de receber o tributo[63].

Nota-se que este autor adotou integralmente o conceito de decadência formulado pela doutrina civilista, sem se ter atentado para um aspecto de fundamental importância, qual seja, o de que no Direito Privado, a possibilidade jurídica de exercício do direito nasce sempre com o próprio direito, constituindo um todo indissociável. Já no Direito Tributário, mais precisamente em razão da natureza declaratória do lançamento, nem sempre há concomitância entre o nascimento do direito material (obrigação tributária) e a possibilidade jurídica de seu exercício (possibilidade de constituir o crédito tributário). Aliás, atualmente, com a predominância dos tributos sujeitos a lançamento por homologação, quase sempre há um interregno entre esses dois eventos.

Estabelece o art. 173, inciso I, do CTN, o prazo de cinco anos, contados do primeiro dia do exercício seguinte àquele em que o lançamento poderia ter sido efetuado, para que se verifique a extinção do direito de constituição do crédito tributário. Expirado esse prazo, não mais é permitido à Fazenda Pública declarar a preexistente obrigação tributária, nascida com a ocorrência do fato gerador. O dispositivo contido no referido artigo é suficientemente claro em determinar que se opera a extinção do direito de declarar o nascimento da obrigação tributária, ou na dicção do Código, do direito de constituir o crédito tributário. Por outro lado, o direito material representado pela obrigação tributária é também extinto quando transcorrido esse prazo fatal sem ter havido o lançamento.

Na sistemática criada pelo Código Tributário Nacional, a extinção da obrigação tributária não se opera por força do disposto no art. 173, isoladamente — como seria próprio de uma regra de decadência — mas sim pela sua combinação com o disposto no art. 156, inciso V.

De fato, ao regular a decadência como causa extintiva do direito de constituir o crédito tributário, criou o Código um dispositivo determinando que a decadência desse direito (art. 173) seria causa extintiva da própria obrigação tributária (art. 156, inciso V). Essa constatação permite inferir que, caso inexistente o dispositivo contido no art. 156, V, subsistiria o direito material representado pela obrigação tributária — tal como

[63] FANUCCHI, Fábio. **A Decadência e a Prescrição em Direito Tributário.** 2 ed. São Paulo: Resenha Tributária, 1982, p. 48.

ocorre com a prescrição no Direito Privado — embora não mais exercitável em face da perda da ação (possibilidade de constituir o crédito tributário).

Na verdade, a partir do momento em que a Comissão Especial do Código Tributário Nacional abandonou a ideia de adotar um único prazo prescricional (art. 212 do Anteprojeto)[64], passando a instituir dois prazos extintivos, tendo o lançamento por marco divisor entre a decadência e a prescrição, outro caminho não haveria senão conceber a decadência como causa extintiva do direito de constituir o crédito tributário, quando o normal, à primeira vista, seria instituí-la como extintiva da obrigação tributária.

Nesse passo, se a decadência tributária houvesse sido instituída como evento capaz de extinguir diretamente a obrigação no estado em que nascera (direito material) — tal qual no Direito Privado — sem antes atingir a ação de constituir o crédito tributário, exigida da Fazenda Pública para o exercício do direito, estar-se-ia negando a própria razão de ser do lançamento, porquanto, nesta hipótese, o direito material representado pela obrigação tributária já deveria ter nascido exercitável, por si só, o que não ocorre.

De qualquer forma, entende-se que o Código Tributário Nacional, até por força das premissas que adotou, instituiu a decadência como evento que fulmina o direito de constituir o crédito tributário, como se se tratasse de um direito desvinculado da obrigação tributária, impondo-se, por conseguinte, para a preservação da harmonia do sistema, que os aspectos atinentes à decadência (prazo, termo inicial) sejam mensurados tendo por base, não a data de ocorrência do fato gerador, mas sim o momento em que se instaura a possibilidade jurídica de a Fazenda Pública constituir o crédito tributário.

Dispõe o *caput* do art. 173 do CTN que o direito de a Fazenda Pública constituir o crédito tributário extingue-se após cinco anos contados na forma dos seus incisos I e II; ou seja, transcorrido o prazo legal, a inércia da Fazenda Pública em constituir o crédito tributário pelo lançamento fulmina o seu direito de lançar.

Mostra-se, por isso, equivocada a inserção da decadência como modalidade de extinção do crédito tributário, nos termos do inciso V do art. 156 do CTN. É que a decadência extingue a própria obrigação tributária, a qual não foi formalizada em crédito tributário, justamente pela ausência de lançamento. Assim, melhor teria andado o Código se houvesse

[64] BRASIL. **Trabalhos da Comissão Especial do Código Tributário Nacional.** Rio de Janeiro: Ministério da Fazenda, 1954, p. 319-320.

inserido a decadência como causa de extinção da obrigação tributária, e não do crédito tributário, o qual, em razão de sua ocorrência, não chega sequer a ser constituído.

Tem-se, portanto, que o objeto da decadência no Direito Tributário brasileiro é o direito de constituir o crédito tributário.

Luciano Amaro afirma, com inteira propriedade, que o lançamento por homologação não é atingido pela decadência, pois, feito o pagamento, dito antecipado, ou a autoridade administrativa anui e homologa expressamente (lançamento por homologação expressa) ou deixa transcorrer, em silêncio, o prazo legal e, dessa forma, anui tacitamente (lançamento por homologação tácita). Em ambos os casos, não se pode falar em decadência (do lançamento por homologação), pois o lançamento terá sido realizado (ainda que pelo silêncio), e concluiu que o que é passível de decadência é o lançamento de ofício[65].

Se a decadência atinge o direito de constituir o crédito tributário, importa identificar o momento em que esse direito nasce e, portanto, pode ser exercitado. Em síntese, a data a partir da qual o crédito tributário poderá ser constituído será:

1. nos tributos cuja legislação determine seja lançado originariamente de ofício (*verbi gratia*, IPTU): a data de ocorrência do fato gerador;
2. nos tributos que, em face da legislação, devam ser ordinariamente lançados com base na declaração do sujeito passivo ou de terceiro, incluindo a prática de dolo, fraude ou simulação: o primeiro dia após o termo final do prazo fixado para a entrega da declaração, ou a data da entrega, na hipótese de esta ser anterior àquela;
3. nos tributos cuja legislação estabeleça que o lançamento deve operar-se ordinariamente por homologação, incluindo a prática de dolo, fraude ou simulação: o primeiro dia após o termo final do prazo concedido para pagamento do tributo, ou tratando-se de pagamento suficiente para extinguir a obrigação tributária, a data do pagamento, quando efetuado antes do vencimento.

[65] AMARO, Luciano. **Direito tributário brasileiro**. 21. ed. São Paulo: Saraiva, 2016, p. 437.

### 3.2.3 A Decadência do Direito de Constituir o Crédito Tributário pelo Lançamento e pela Revisão de Ofício do Lançamento

O direito de constituir o crédito tributário pode ser exercido por meio do lançamento, nos termos do art. 142 do CTN, e também pela revisão de ofício do lançamento, na forma preconizada no art. 149, *caput*, e parágrafo único, do CTN.

Com efeito, examinando-se detidamente o disposto no art. 173 do CTN, chega-se à conclusão de que o direito ali mencionado não é de constituir um ou qualquer crédito tributário, tampouco de apenas lançar o tributo, mas sim de constituir o crédito tributário no exato montante da obrigação correspondente. Daí resulta que, uma vez efetuado um lançamento inexato, não obstante o direito de lançar tenha sido exercido, não se terá por plenamente exercido — conquanto fosse juridicamente possível — o direito de constituir o crédito tributário em estrita consonância com a respectiva obrigação, a que alude o art. 173 do CTN. Tanto é assim que o Código prevê a revisão do lançamento, propiciando, assim, uma segunda oportunidade para a Fazenda Pública exercer integralmente o direito de constituir o crédito tributário nos exatos termos da obrigação.

Percebe-se, destarte, que não existe um direito autônomo de lançar e outro de revisar. Lançamento e revisão do lançamento são apenas os instrumentos de que a Fazenda Pública dispõe para exercer plenamente um único direito sujeito à decadência, qual seja o de constituir o crédito tributário no exato montante da obrigação, por isso, entende-se que o direito mencionado no parágrafo único do art. 149 do CTN é o de constituir o crédito tributário.

Acerca da impossibilidade lógica de existirem dois lançamentos válidos fundados num mesmo fato gerador e da autonomia da revisão em relação ao lançamento, cabe trazer o ensinamento de José Souto Maior Borges:

> Já se demonstrou a autonomia do procedimento de revisão do lançamento em face do procedimento de lançamento. Efetuado o lançamento, não mais poderá ser exercido no procedimento revisório – portanto em repetição – o direito de lançar. No procedimento revisório a constituição do crédito tributário terá caráter autônomo, no sentido de que não corresponderá à conceituação legal de lançamento. Dele eventualmente resultará um ato de revisão que não confunde com o lançamento. O procedimento de lançamento tem por objeto o fato tributável. O procedimento de revisão, ao contrário, terá como objeto o próprio lançamento.

> Inconfundíveis, nesse sentido, lançamento e revisão do lançamento. Só é possível rever lançamento já efetuado[66].

Assim, a título de exemplo, se o tributo é lançado com base na declaração satisfatoriamente prestada (art. 147), e regularmente notificado ao sujeito passivo (art. 145), ulterior constatação de inexatidão do crédito tributário deve ser objeto de revisão de ofício do lançamento por declaração; ou seja, não haverá dois lançamentos autônomos, mas sim um lançamento e uma revisão, os quais darão origem a dois créditos tributários distintos, que nada obstante independentes entre si, permanecerão atrelados à obrigação tributária que lhes deu origem, até a sua extinção.

De igual modo, tome-se como exemplo o IPTU — tributo normalmente lançado originariamente de ofício — e se considere hipoteticamente uma obrigação tributária de R$ 100,00. Tendo havido um lançamento inexato de R$ 80,00, cabível será a revisão do lançamento para exigir a parcela da obrigação não alcançada pelo lançamento anterior, no valor de R$ 20,00. Nesse caso, a exigência inicial de R$ 80,00 corresponderá ao lançamento de ofício, e a exigência suplementar de R$ 20,00 terá natureza de revisão de ofício do lançamento de ofício.

No que se refere ao lançamento por homologação, não se tem cogitado da possibilidade de sua revisão, sobretudo pelo fato de se ter sedimentado na doutrina e na jurisprudência o entendimento segundo o qual a homologação tácita teria o condão de extinguir a própria obrigação tributária, impedindo a Fazenda Pública de exigir, a partir de então, eventuais diferenças não recolhidas pelo sujeito passivo.

À evidência, se se partir da premissa equivocada de que a extinção mencionada no § 4º do art. 150 do CTN é da obrigação tributária, seria teratológico admitir a revisão do lançamento efetuado por homologação tácita. Contudo, se se entender, na linha adotada no presente trabalho, que a extinção mencionada no dispositivo é do crédito tributário constituído pelo lançamento ficto e solvido pelo pagamento dito antecipado, plenamente cabível a revisão de ofício do lançamento por homologação ficta para constituir o crédito tributário relativamente às diferenças não recolhidas pelo sujeito passivo, consoante se demonstrará nos tópicos seguintes.

[66] BORGES, José Souto Maior. **Lançamento Tributário.** 2. ed. São Paulo: Malheiros, 1999, p. 361.

Em resumo: lançamento e revisão de ofício do lançamento são apenas instrumentos de que a Fazenda Pública dispõe para exercer um único direito sujeito à decadência, qual seja o de constituir o crédito tributário no exato montante da obrigação correspondente, não existindo, por consequência, um direito autônomo de lançar e outro de revisar o lançamento, passíveis, isoladamente, de serem atingidos pela decadência.

### 3.3 O Pagamento Antecipado Homologado

O art. 156 do CTN contempla no seu inciso VII o pagamento antecipado e a homologação do lançamento (pagamento) como modalidade de extinção do crédito tributário.

A extinção do crédito, nestes casos, não se verifica com o pagamento, mas com este somado à homologação do lançamento[67]. Nesse ponto, é importante enfatizar que o inciso VII não se refere a duas modalidades distintas de extinção do crédito tributário, quais sejam o pagamento antecipado e a homologação, expressa ou tácita, do pagamento, como pode parecer à primeira vista. O dispositivo também não estabelece que a homologação, expressa ou tácita, seja evento autônomo hábil à extinção do crédito tributário. Na verdade, referido dispositivo estipula que o evento que extingue o crédito é o pagamento antecipado desde que promovida a sua constituição pelo lançamento, mediante homologação, expressa ou ficta. Em outras palavras, o crédito tributário é extinto **com** a homologação, e não **pela** homologação, o que é coisa rigorosamente diversa.

Nessa ordem de ideais, afigura-se de suma importância assinalar que, diversamente do que possa parecer pela leitura do art. 150 do Código, a homologação, expressa ou tácita, ato de lançamento que é, não atua diretamente sobre o crédito tributário, extinguindo-o. É o pagamento antecipado que, uma vez homologado, irradia o efeito que lhe é próprio, qual seja o de extinguir o vínculo obrigacional.

Antes disso, num momento lógico imediatamente anterior, inserido no bojo do procedimento a que alude o art. 142 do CTN, tal qual se dá com as demais modalidades de lançamento, consoante já demonstrado, o ato homologatório atua diretamente sobre a obrigação tributária, tornando-a líquida e certa e, com isso, imputa ao sujeito passivo um débito corres-

[67] MACHADO, Hugo de Brito. **Curso de direito tributário.** 37. ed. São Paulo: Malheiros, 2007, p. 248.

pondente ao **tributo devido**, que irá se contrapor ao crédito representado pelo pagamento antecipado promovido pelo sujeito passivo.

No momento em que o ato homologatório imputa o débito pelo tributo devido ao sujeito passivo, nos termos do art. 142 do CTN, o pagamento antecipado, que até então era condicional, torna-se definitivo, irradiando o efeito de extinguir o crédito tributário assim constituído.

Em linguagem contábil, poderíamos dizer que a hipótese se assemelha à de uma empresa que, tendo recebido adiantamento para venda futura de uma mercadoria, deixa, por ocasião da sua entrega, de emitir a respectiva nota fiscal de venda, e de lançar a receita em contrapartida à conta que registra o adiantamento. No balanço contábil, a empresa figurará como devedora do cliente, conquanto tenha cumprido a obrigação. O mesmo fenômeno se dá com o lançamento por homologação. Caso omisso o sujeito ativo na feitura do lançamento, a obrigação tributária, embora nascida e satisfeita antecipadamente, não se tornaria exigível em sua plenitude e, tal como dito acima, o sujeito passivo que efetuara o pagamento antecipado figuraria no balanço tributário como credor do sujeito ativo.

Busquemos outro exemplo que, embora de diferente ramo do Direito, amolda-se perfeitamente à situação que se busca demonstrar no presente estudo. Tome-se a hipótese de uma empresa empregadora "X" que, em observância à convenção coletiva de trabalho, promove um adiantamento salarial a seu empregado "Y", a ser descontado por ocasião do fechamento da folha de pagamento, ao final do mês. No referido caso, a convenção coletiva de trabalho faz as vezes da lei que estabelece o pagamento antecipado; o adiantamento salarial faz as vezes do pagamento antecipado do tributo; e a elaboração e o fechamento da folha fazem as vezes do lançamento. Enquanto não houver a elaboração e o fechamento da folha de pagamento desse determinado mês, na qual serão apurados os dias trabalhados, as horas extras eventualmente prestadas, as possíveis faltas, entre outras ocorrências, a empresa "X" figurará como credora do empregado "Y", em razão do adiantamento salarial efetuado. No momento em que é elaborada e finalizada a folha de pagamento, obtém-se o valor do salário devido pelo empregador, o qual irá se contrapor ao adiantamento salarial para efeito de apuração da existência ou não de saldo de salário a pagar.

Suponha-se, agora, que o salário devido no mês correspondeu exatamente ao valor do adiantamento concedido, inexistindo saldo de salário a pagar. Nesse caso, não é o ato de formalização da folha de pagamento que atua sobre o adiantamento salarial extinguindo-o, mas sim o adiantamento salarial, que até então era mera antecipação por conta do salário do mês, que "investe" contra o valor devido a título de salário e extingue o débito do empregador; ou seja, assim que é quantificado pela folha de pagamento o valor do salário a que faz jus o empregado, o desembolso do empregador efetuado a título de adiantamento converte-se em pagamento de salário, extinguindo a obrigação salarial formalizada pela folha de pagamento.

É dizer, a folha de pagamento não extingue o crédito do empregador e sim constitui (formaliza) o crédito do empregado, o qual, por sua vez, é extinto pelo adiantamento salarial, convertido em pagamento definitivo com a elaboração e o fechamento da folha de pagamento. Por outro lado, a circunstância de existir adiantamento de valor suficiente a extinguir a obrigação salarial do mês não dispensa a elaboração da folha de pagamento, até por que, por óbvio, apenas com a elaboração desta é que se poderá afirmar, do ponto de vista jurídico, se tal adiantamento é suficiente ou não para quitar o salário do mês.

Tanto na seara tributária como na trabalhista, grosso modo, o fenômeno é o mesmo, com a diferença de que, no campo tributário, quem liquida em definitivo a obrigação é o credor, no caso, a Fazenda Pública, em face do princípio da indisponibilidade da coisa pública, que alcança a obrigação e o crédito tributário, ao passo que, nos domínios trabalhistas, essa tarefa cabe ao devedor, isto é, à empresa empregadora, nos termos do art. 225, inciso I, do Decreto n. 3.048 de 1999.

Feitas essas considerações e voltando, agora, à seara tributária, pode-se claramente perceber que não é o ato de lançamento em que se traduz a homologação, expressa ou tácita, que extingue o crédito tributário, e sim o pagamento antecipado que, uma vez tornada líquida e certa a obrigação tributária pelo lançamento, extingue o crédito assim constituído.

Neste sentido é o posicionamento de Ives Grandra da Silva Martins, o qual assevera que o pagamento antecipado não extinguiria o crédito tributário, nos termos do art. 156 do CTN, só o fazendo quando fosse este constituído expressa ou tacitamente pela autoridade administrativa[68].

[68] MARTINS, Ives Grandra da Silva. **Do Lançamento. Caderno de Pesquisas Tributárias n. 12.** Ives Gandra da Silva Martins (coordenador). São Paulo: Coedição Resenha Tributária e Centro de Estudos de Extensão Universitária, 1987, p. 49.

Vale dizer, enquanto não constituído o crédito tributário pelo lançamento, expresso ou ficto, não há débito imputável ao sujeito passivo que possa ser objeto de extinção pelo pagamento antecipado, de forma que tão somente após tornada líquida e certa a obrigação tributária pelo lançamento expresso ou ficto é que o pagamento se mostra apto a extinguir o crédito assim constituído. Antes de se verificar o lançamento expresso ou ficto, tem-se apenas um crédito do sujeito passivo, decorrente do pagamento antecipado, o qual não é contraposto pelo crédito do sujeito ativo, uma vez que ainda não se tem por efetuado o lançamento tributário.

Pouco importa, nos termos positivados pelo Código, que o sujeito passivo, a fim de viabilizar o pagamento antecipado, tenha percorrido o rito procedimental descrito no mencionado art. 142, ou seja, tenha verificado a ocorrência do fato gerador, determinado a matéria tributável e calculado o montante do tributo devido, porque o CTN adotou a linha de que o ato de lançamento é privativo da autoridade administrativa, o que é decorrência natural do princípio da indisponibilidade da coisa pública, na qual se inserem a obrigação e o crédito tributário.

E tanto isso é verdade que o sujeito passivo poderá promover um pagamento antecipado aleatoriamente, sem elaboração de qualquer cálculo ou mesmo operação mental acerca do montante devido e, ainda assim, constatando a autoridade administrativa que o valor pago antecipadamente é suficiente para extinguir a obrigação tributária correspondente, deverá efetuar o lançamento mediante homologação expressa, consoante a regra insculpida no art. 150, *caput*, do CTN. Veja-se que, nessa hipótese, perfeitamente factível, o sujeito passivo não terá praticado qualquer ato ou procedimento que pudesse ser tido como lançamento ou autolançamento e, nada obstante isso, ter-se-á o lançamento por homologação.

Nesse contexto, adotou o CTN a linha de que lançamento é ato privativo do sujeito ativo, entendendo-se, como bem observou Estevão Horvath *apud* Misabel Abreu Machado Derzi que a quantia a que chega o sujeito passivo é mera proposta de liquidação[69].

Existe, portanto, manifesta impropriedade do CTN quando se refere à homologação do lançamento, nos §§ 1º e 4º do art. 150, e no inciso VII,

[69] HORVATH, Estevão apud DERZI, Misabel Abreu Machado. **Comentários ao Código Tributário Nacional.** 4. ed. Carlos Valder do Nascimento (coordenador). Rio de Janeiro: Forense, 1999, p. 403-404.

do art. 156, uma vez na sistemática concebida pelo CTN, o sujeito passivo não efetua o lançamento do tributo, até por que não teria qualquer sentido conceber que a antecipação de pagamento referida no *caput do* art. 150 seria prévia ao ato de lançamento a ser promovido pelo próprio sujeito passivo.

Cabe assinalar que no Projeto de CTN (art. 112) constava que o contribuinte tinha o dever de **efetuar o pagamento** sem prévio exame da autoridade administrativa, e constou no texto final aprovado (art. 150) que o sujeito passivo tem o dever de **antecipar o pagamento** sem prévio exame da autoridade administrativa. Isso demonstra, de forma inequívoca, que o legislador pretendeu deixar isento de qualquer dúvida que nos tributos sujeitos a lançamento por homologação o pagamento se daria antes do lançamento, o que leva à conclusão inafastável de que os atos promovidos pelo sujeito passivo não caracterizam lançamento, pois do contrário ter-se-ia que admitir que ele deve antecipar o pagamento do tributo antes mesmo de efetuar o lançamento, interpretação que seria teratológica.

### 3.4 O Significado e o Alcance da Expressão "Considera-se Definitivamente Extinto o Crédito", Constante do § 4º do Art. 150 do CTN

Estipula o § 4º do art. 150 do CTN que, com o silêncio da Fazenda Pública sobre o pagamento antecipado durante o prazo de cinco anos contados do fato gerador, considera-se definitivamente extinto o crédito tributário, salvo se comprovada a ocorrência de dolo, fraude ou simulação.

Referido dispositivo é interpretado pela doutrina e pela jurisprudência no sentido de que, decorrido esse prazo, sem que a Fazenda Pública se tenha manifestado sobre o pagamento antecipado, extinta estará a obrigação tributária, nada mais podendo a Fazenda Pública exigir, o que caracterizaria regra especial de decadência.

É esse o entendimento de Eurico Marcos Diniz de Santi, em elaborado estudo sobre o tema, conforme adiante transcrito:

> O 'fato gerador' dessa regra decadencial iniciará seu curso de cinco anos com a ocorrência do evento jurídico tributário, conforme dispõe expressamente a primeira parte do § 4º do art. 150 do CTN.
>
> Neste caso, concorre a contagem do prazo para o Fisco homologar expressamente o pagamento antecipado, concomitantemente, com o prazo para o Fisco, no caso de não homologação, empreender o correspondente lançamento tributá-

rio. Sendo assim, no termo final desse período consolidam-se simultaneamente a homologação tácita, a perda do direito de homologar expressamente e, consequentemente, a impossibilidade de lançar de ofício[70].

Entende-se, contudo, que não seja esse o real significado e alcance da expressão em comento. Tal compreensão, todavia, passa, necessariamente, pelo exame do Projeto de Lei de Código Tributário Nacional, acerca do lançamento por homologação, o qual contemplava em seu art. 112:

> Art. 112. O lançamento por homologação, que ocorre quanto aos tributos cuja legislação atribua ao contribuinte o dever de efetuar o pagamento sem prévio exame da autoridade administrativa, opera-se pelo ato em virtude do qual a referida autoridade, tomando conhecimento da atividade exercida pelo contribuinte, expressamente a homologa.
> § 1º Nos casos previstos neste artigo, o pagamento só dá lugar à extinção do crédito à data da homologação nele referida71.

Como se percebe, o Projeto de Lei de CTN previa que o pagamento antecipado ficaria subordinado à condição suspensiva, dando lugar à extinção do crédito somente por ocasião da homologação.

Essa opção do legislador gerava um grave problema, na medida em que o sujeito passivo, mesmo antecipando corretamente o pagamento do tributo, seria considerado devedor até que sobreviesse a homologação do pagamento por parte da Fazenda Pública, circunstância essa que o impediria, por exemplo, de participar de licitações públicas, nos termos do art. 193 do CTN:

> Art. 193. Salvo quando expressamente autorizado por lei, nenhum departamento da administração pública da União, dos Estados, do Distrito Federal ou dos Municípios, ou sua autarquia, celebrará contrato ou aceitará proposta em concorrência pública sem que o contratante ou proponente faça prova da quitação de todos os tributos devidos à Fazenda Pública interessada, relativos

[70] SANTI, Eurico Marcos Diniz de. **Decadência e prescrição no direito tributário.** 4. ed. São Paulo: Saraiva, 2011, p. 121.

[71] BRASIL. **Trabalhos da Comissão Especial do Código Tributário Nacional**. Rio de Janeiro: Ministério da Fazenda, 1954, p. 51.

à atividade em cujo exercício contrata ou concorre.

Por essa razão, da redação final do § 1º do art. 150 do CTN, consta: "§ 1º. O pagamento antecipado extingue o crédito sob condição resolutória de ulterior homologação do lançamento".

Luciano Amaro tem razão quando diz que há impropriedade na menção à natureza resolutória ou resolutiva da homologação, uma vez que os sinais aí estão trocados; e se deveria prever, como condição resolutória, a negativa de homologação, de tal sorte que, implementada tal negativa, a extinção restaria resolvida[72].

Seja como for, a redação final do CTN eliminou o grave inconveniente de o sujeito passivo ser considerado devedor, mesmo tendo promovido o pagamento antecipado do tributo, pois o lançamento não teria sido concluído, com as consequências já referidas.

Pois bem, embora com sinais trocados, o certo é que o CTN estabeleceu uma extinção provisória do crédito tributário, cuja extinção definitiva ficaria na dependência da homologação do pagamento antecipado por parte da Fazenda Pública. E tanto é assim que o art. 156, inciso VII, estabeleceu como modalidade de extinção do crédito tributário o pagamento antecipado e a homologação do lançamento (pagamento), nos termos do disposto no art. 150 e seus §§ 1º e 4º.

Vale dizer, o pagamento antecipado extingue o crédito provisoriamente (art. 150, § 1º), de modo que o sujeito passivo não seja, desde logo, considerado devedor, e este mesmo pagamento antecipado, uma vez homologado, expressa ou tacitamente, extingue o crédito definitivamente (art. 156, VII). Observe-se que, na sistemática concebida pelo CTN, a homologação, como ato de lançamento que é, nos termos do art. 142, conforme já demonstrado, constitui, para usar a linguagem do Código, o crédito tributário, o qual, num momento lógico seguinte, é extinto definitivamente pelo pagamento antecipado.

Cabe enfatizar aqui que a definitividade da extinção do crédito referida no § 4º do art. 150 é rigorosamente a mesma que se verifica quando da homologação expressa e, no entanto, não cogita a doutrina de afirmar que a homologação expressa traz em seu bojo regra especial de decadência. Em outras palavras, a interpretação sistemática do CTN, especialmente do

[72] AMARO, Luciano. **Direito tributário brasileiro**. 21. ed. São Paulo: Saraiva, 2016, p. 397.

disposto nos arts. 150, §§ 1º e 4º e 156, inciso VII, leva à conclusão de que a definitividade da extinção do crédito refere-se ao implemento da condição a que, na visão do Código, estava subordinado o pagamento antecipado, de maneira que ela não projeta seus efeitos para o futuro, no sentido de significar que nada mais poderá ser exigido do sujeito passivo relativamente à obrigação tributária correspondente, ao contrário, volta-se para o passado, para dizer que o crédito tributário, até então provisoriamente extinto mediante condição dita resolutória (§ 1º do art. 150), passou a ser considerado definitivamente extinto com o implemento da condição a que se subordinava (homologação).

Por sua vez, a obrigação tributária correspondente somente estará extinta se o crédito houver sido constituído em estrita consonância com ela. Ao estabelecer que se considera definitivamente extinto o crédito, não está o CTN afirmando que nada mais poderá ser exigido do sujeito passivo relativamente à obrigação tributária correspondente, na hipótese de existirem diferenças não recolhidas, mas sim significando que aquela extinção que estava pendente de condição, teve esta implementada, estando, portanto, definitivamente extinto o crédito relativamente àquele pagamento antecipado.

Quisesse o legislador estipular regra especial de decadência no § 4º do art. 150 do CTN, teria dito que se considera homologado o pagamento e, definitivamente, extinto o direito de constituir o crédito tributário relativamente a eventuais diferenças não recolhidas. Ou então, teria dito: considera-se extinta a obrigação tributária. Se assim procedesse, dúvida alguma haveria de que se trataria de regra decadencial. No entanto, o legislador estabeleceu textualmente que se considera extinto o crédito. Qual crédito? O constituído pelo lançamento ficto e solvido pelo pagamento antecipado. Extinto estará o crédito (constituído fictamente), não o direito de constituir o crédito.

Nessa ordem de ideias, se o crédito tributário houver sido constituído em descompasso com a obrigação tributária correspondente, a diferença a favor da Fazenda Pública poderá ser exigida mediante revisão do lançamento expresso ou ficto, conforme o caso, nos termos do art. 149, inciso V, do CTN, a ser efetuada dentro do prazo decadencial estipulado no art. 173, inciso I, do Código, conforme adiante demonstrado.

### 3.4.1 O Advento da Lei Complementar n. 118 de 2005

Em 9 de fevereiro de 2005, foi publicada a Lei Complementar n. 118, a qual promoveu alterações no Código Tributário Nacional, cujos arts. 3º e 4º estabeleceram:

Art. 3º Para efeito de interpretação do inciso I do art. 168 da Lei n. 5.172, de 25 de outubro de 1966 – Código Tributário Nacional, a extinção do crédito tributário ocorre, no caso de tributo sujeito a lançamento por homologação, no momento do pagamento antecipado de que trata o § 1º. do art. 150 da referida Lei.

Art. 4º Esta Lei entra em vigor 120 (cento e vinte) dias após sua publicação, observado, quanto ao art. 3º., o disposto no art. 106, inciso I, da Lei n. 5.172, de 25 de outubro de 1966 – Código Tributário Nacional.

Referida lei foi introduzida no ordenamento jurídico brasileiro quando estava sedimentada no STJ a tese dos "cinco mais cinco", segundo a qual o prazo extintivo para o pedido de restituição em caso de pagamento indevido ou maior que o devido resultaria em dez anos (os cinco anos da homologação tácita, que constituiria o crédito e que já tendo sido pago resultaria em sua extinção), e posteriormente os cinco anos para efeito de repetição, conforme previsto no art. 165, combinado com o art. 168, inciso I.Nada obstante tal interpretação, a Lei Complementar n. 118 de 2005, dispôs que para efeito de repetição de indébito, a extinção do crédito tributário ocorre, no caso de tributo sujeito a lançamento por homologação, no momento do pagamento antecipado de que cuida o § 1º do art. 150 do CTN, ou seja, o prazo do pedido de restituição começa a correr a partir da data do pagamento indevido a título de tributo, interpretação essa que deveria ser aplicada retroativamente, com amparo no art. 106, inciso I, do CTN.

Tais dispositivos foram questionados judicialmente, tendo o Plenário do Supremo Tribunal Federal (STF), por maioria de votos, decidido no julgamento do RE 566.621/RS, Rel. Min. Ellen Gracie, julgado em 4 de agosto de 2011, que o disposto no art. 3º da aludida lei não é norma interpretativa e, portanto, afigura-se inaplicável aos fatos anteriores a ela, devendo o prazo prescricional de cinco anos para os tributos sujeitos a lançamento por homologação ser aplicado aos processos judiciais ajuizados a partir da entrada em vigor do art. 3º da Lei Complementar n. 118 de 2005, ou seja, a partir de 9 de junho de 2005.

Feito esse breve registro histórico, cabe examinar se o disposto no art. 3º exerce alguma influência sobre a homologação tácita, nos termos em que abordada no presente trabalho.

Segundo José Hable, com a edição da aludida lei, ficou definido que a extinção do crédito tributário ocorre na data do pagamento em si, seja ele caracterizado como antecipado ou não, e assim, para todos os efeitos, não é mais necessária a homologação, expressa ou tácita, para a extinção do crédito tributário, bastando tão somente o pagamento, nos termos do inciso I do art. 156 do CTN, de modo que ficou bastante reduzida e ofuscada a modalidade de extinção do crédito tributário prevista no inciso VII do art. 156 do CTN[73]. Em sentido contrário é a posição de Eurico Marcos Diniz de Santi, para quem, mesmo com a nova letra do art. 3º da Lei Complementar n. 118, como não foi revogado o inciso VII do art. 156 do CTN, este continua dispondo que a extinção do crédito, além do pagamento antecipado, exige também a homologação do lançamento nos termos do disposto no art. 150 e seus §§ 1º e 4º, concluindo que está mantida a tese "dos cinco mais cinco"[74].

Sem pretender rediscutir aqui questão julgada pelo STF há quase uma década, entende-se pertinente consignar, na linha trilhada, entre outros, por Vittorio Cassone, ser o art. 3º da Lei Complementar n. 118 de 2005, de natureza interpretativa, tendo em vista que, de 1966 até 1995, doutrina e jurisprudência sempre entenderam ser prazo único de cinco anos, e o STJ, a partir de 1995, levantou a tese "dos cinco mais cinco" até sobrevir a aludida lei complementar[75].

Nesse sentido, não há razão para que o prazo de cinco anos referido no *caput* do art. 168 do CTN para repetição do indébito seja contado da data da homologação, expressa ou tácita, uma vez que imediatamente após o pagamento antecipado ao sujeito passivo já é permitido apresentar um pedido administrativo ou judicial de restituição de indébito, caso entenda que o valor pago foi indevido, não sendo necessário que se aguarde a homologação para somente após ser requerida a restituição[76].

Acresça-se, ainda, em linha de argumentação que nos tributos subme-

[73] HABLE, José. **A extinção do crédito tributário por decurso de prazo – decadência e prescrição tributárias**. 4. ed. São Paulo: Editora Método, 2014, p. 43.

[74] SANTI, Eurico Marcos Diniz de. **Decadência e prescrição no direito tributário**. 4. ed. São Paulo: Saraiva, 2011, p. 199.

[75] CASSONE, Vittorio. **Decadência e prescrição. Pesquisas tributárias – nova série n. 13.** São Paulo: Coedição Revista dos Tribunais e Centro de Extensão Universitária, 2007, p. 218.

[76] REIS JÚNIOR, Ari Timóteo dos. O prazo para restituição do indébito tributário, a LC 118/2005 e o estado democrático de direito: análise crítica do julgamento do RE 566.621/RS pelo STF. **Revista Dialética de Direito Tributário**. São Paulo: Dialética, n. 199, 2012, p. 14.

tidos a lançamento por homologação o contribuinte fica sujeito à incidência de multa no caso de efetuar recolhimento a menor que o devido. Ora, se o contribuinte é responsável pela exatidão do pagamento antecipado, sujeitando-se, inclusive, à multa no caso de recolhimento a menor, não há razão lógica ou jurídica para ter de aguardar a manifestação da Fazenda Pública, expressa ou tácita, para só então exercer o direito de repetição de indébito.

Destarte, entende-se que a Lei Complementar n. 118 de 2005 em nada alterou a matéria atinente à homologação, na medida em que a nova legislação apenas estabeleceu que, para fins de interpretação do termo inicial do prazo para repetição de indébito, de que cuida o art. 168, inciso I, do CTN, há de ser considerada como data de extinção do crédito a do pagamento antecipado. Tão somente para fins de repetição do indébito, considera-se extinto o crédito no momento do pagamento antecipado, não guardando a matéria qualquer relação com a homologação tácita que, como demonstrado, trata-se de lançamento ficto que, antes de operar-se a extinção do crédito pelo pagamento antecipado, tem o condão de constituí-lo, quando passados cinco anos contados do fato gerador sem manifestação expressa da Fazenda Pública.

### 3.4.2 A Homologação da Compensação de que Trata o Art. 74 da Lei n. 9.430 de 1996 e Alterações Posteriores

Nos termos dos arts. 170 e 156, inciso II, do CTN, a compensação é modalidade de extinção do crédito tributário, e nada obstante não seja o objeto específico do presente trabalho, entende-se pertinente examinar-se, ainda que em breves linhas, a figura da homologação da compensação, nos termos em que instituída pelas Leis n. 10.637 de 2002, e 10.833 de 2003, as quais deram nova redação ao art. 74 da Lei n. 9.430 de 1996, que dispõe:

> Art. 74. O sujeito passivo que apurar crédito, inclusive os judiciais com trânsito em julgado, relativo a tributo ou contribuição administrado pela Secretaria da Receita Federal, passível de restituição ou de ressarcimento, poderá utilizá-lo na compensação de débitos próprios relativos a quaisquer tributos e contribuições administrados por aquele Órgão.
>
> § lo A compensação de que trata o caput será efetuada mediante a entrega, pelo sujeito passivo, de declaração na qual constarão informações relativas aos créditos utilizados e aos respectivos débitos compensados.

> § 2o A compensação declarada à Secretaria da Receita Federal extingue o crédito tributário, sob condição resolutória de sua ulterior homologação.
>
> [...]
>
> § 5o O prazo para homologação da compensação declarada pelo sujeito passivo será de 5 (cinco) anos, contado da data da entrega da declaração de compensação.

Observa-se que referida lei estipulou que a compensação declarada à Secretaria da Receita Federal do Brasil extingue o crédito tributário sob condição resolutória de ulterior homologação, tendo, assim, adotado redação semelhante à constante do § 1º do art. 150 do CTN. O legislador estabeleceu, ainda, o prazo de cinco anos contados da data da entrega da declaração para a homologação da compensação, não tendo, no entanto, disciplinado as hipóteses de ausência de manifestação expressa no prazo legalmente estipulado para a homologação.

Em face desse quadro, passou-se a se sustentar, em sede de doutrina, a ocorrência da homologação tácita naqueles casos em que a autoridade administrativa silencia no prazo legal acerca da declaração de compensação apresentada, o que daria ensejo à extinção definitiva do crédito tributário objeto da compensação[77].

Essa interpretação acabou sendo acolhida pela 1ª Turma da Câmara Superior de Recursos Fiscais do Conselho Administrativo de Recursos Fiscais (CARF), conforme ementa de acórdão, adiante transcrita[78]:

> Acórdão 9101¬002.402
> Sessão de 16 de agosto de 2016
> EMENTA: PEDIDO DE COMPENSAÇÃO. DCTF. HOMOLOGAÇÃO TÁCITA. PRAZO DE 5 ANOS. ARTIGO 150, § 4º, CTN.
> O pedido de compensação não analisado no prazo de 5 (cinco) anos considera-se homologado, nos termos do artigo 150, § 4º, do Código Tributário Nacional. As alterações no artigo 74, pelas Medidas Provisórias nº 66/2002 e 135/2003 e

[77] ROCHA, Isabelle Resende Alves. A declaração de compensação federal – DCOMP – e o prazo para efetuar repetição de indébito: interrupção ou o próprio exercício do direito ao crédito? **Revista Dialética de Direito Tributário**. São Paulo: Dialética, n. 217, 2013, p. 34.

[78] Acórdão 9101-002.402, Rel. Cons. Marcos Aurélio Pereira Valadão, Rel. p/ Acórdão Cons. Cristiane Silva Costa, Data de Julgamento 16/08/2016.

respectivas Leis de conversão, apenas explicitam que o prazo para homologação de compensação é de 5 (cinco) anos, nos termos do Código Tributário Nacional.

Conforme se percebe, a interpretação equivocada de que o § 4º do art. 150 do CTN veicula regra especial de decadência implica o enfraquecimento da segurança jurídica e torna as normas do CTN sem coerência interna, ensejando desdobramentos em interpretações igualmente equivocadas que vão contaminando outros aspectos regulados também pelo CTN, como a compensação.

Ora, o aludido § 4º veicula regra de lançamento ficto e, consoante já amplamente demonstrado, foi instituído no interesse da Fazenda Pública, tendo por objetivo legitimar os pagamentos antecipados não homologados expressamente, para impedir a repetição de indébito por parte dos sujeitos passivos.

Não há, portanto, como estender a ficção legal em que consiste a homologação tácita verificada pelo silêncio da autoridade administrativa ao cabo de cinco anos contados do fato gerador, nos termos do aludido § 4º do art. 150 do CTN, à compensação disciplinada pelo art. 74 da Lei n. 9.430 de 1996. Isso porque no pagamento antecipado, quando muito poderá ocorrer a sua inexatidão em relação ao *quantum* da obrigação tributária, mas esse pagamento, uma vez carreado aos cofres públicos, afigura-se válido e eficaz, a menos que se considere a absurda hipótese de o sujeito passivo utilizar moeda falsa para quitar o seu débito tributário.

Tal quadro, à evidência, não se encontra presente na homologação da compensação, haja vista que o sujeito passivo poderia indicar créditos inexistentes e, com isso ver extinto o crédito tributário pela simples ausência de manifestação da autoridade administrativa no prazo legal.

Constata-se, desta forma, que são situações absolutamente distintas: na primeira, o pagamento antecipado é efetivo, podendo haver divergência apenas em relação ao seu *quantum*, o que daria ensejo à revisão de ofício do lançamento ficto, no prazo do art. 173, inciso I, do CTN; na segunda, a questão não gira somente em torno do *quantum* do crédito tributário objeto de compensação, mas sobre a própria existência do crédito pretensamente compensável de que seria titular o sujeito passivo.

Entende-se, assim, que a figura da homologação tácita de que cuida o § 4º do CTN não pode ser estendida à homologação da compensação de que trata o art. 74 da Lei n. 9.430 de 1996.

### 3.5 O Cotejo do Prazo do art. 173, Inciso I, com o do Art. 150, § 4º, do Código Tributário Nacional

Estipula o art. 173, do CTN:

> Art. 173. O direito de a Fazenda Pública constituir o crédito tributário extingue-se após 5 (cinco) anos, contados:
> I – do primeiro dia do exercício seguinte àquele em que o lançamento poderia ter sido efetuado.

Já o art. 150, § 4º, do Código encontra-se assim redigido:

> Se a lei não fixar prazo à homologação, será ele de 5 (cinco) anos, a contar da ocorrência do fato gerador; expirado esse prazo sem que a Fazenda Pública se tenha pronunciado, considera-se homologado o lançamento e definitivamente extinto o crédito, salvo se comprovada a ocorrência de dolo, fraude ou simulação.

Vê-se, assim, que os dispositivos em comento fixariam dois termos iniciais: pela regra do art. 173, inciso I, o termo inicial da decadência é o primeiro dia do exercício seguinte àquele em que o lançamento poderia ser efetuado. Já o prazo do art. 150, § 4º do CTN, conta-se a partir da ocorrência do fato gerador.

A doutrina clássica brasileira, formada, entre outros, por Fábio Fanucchi[79], Aliomar Baleeiro[80] e Ruy Barbosa Nogueira[81], entende como decadencial o prazo do § 4º. A jurisprudência há muito tempo segue nesta mesma linha. Veja-se, nesse sentido, o Agravo de Instrumento 110.431-7 (AgRg) SP, julgado em 23 de maio de 1986, pela Segunda Turma do STF, a qual, à unanimidade, negou provimento ao agravo regimental interposto pelo Estado de São Paulo. Transcreve-se o voto do relator, Min. Djaci Falcão[82]:

> O v. acórdão recorrido ao manter a sentença pelos seus jurídicos fundamentos,

[79] FANUCCHI, Fábio. **A Decadência e a Prescrição em Direito Tributário.** 2. ed. São Paulo: Resenha Tributária, 1982, p. 91.

[80] BALEEIRO, Aliomar. **Direito tributário brasileiro.** 10. ed. rev. e at. por Flávio Bauer Novelli. Rio de Janeiro: Forense, 1996, p. 522-523.

[81] NOGUEIRA, Ruy Barbosa. **Curso de direito tributário.** 10. ed. São Paulo: Saraiva, 1990, p. 326-328.

[82] AgRg 110.431-7, Rel. Min. Djaci Falcão, Segunda Turma, Data do Julgamento 23.05.1986, DJ 27.06.1986.

> anulando a exigência fiscal por reconhecer que se operara a decadência, deu razoável interpretação à lei federal, consoante se infere da seguinte passagem: "Não é possível confundir, como faz a ré, o disposto no art. 173 do CTN, que trata da decadência do direito de constituir o crédito tributário, com o preceituado no art. 150, § 4º do mesmo diploma legal, que se refere ao direito de rever o lançamento (grifos originais).
> Os termos iniciais são diversos.
> Segundo FÁBIO FANUCCHI, no caso do § 4º do art. 150 do CTN, o prazo se inicia com o nascimento do direito, ou seja, com a ocorrência do fato gerador da obrigação tributária (cf. "Da Prescrição e da Decadência" - in Justitia - vol. 89/97).
> Ora, na hipótese dos autos, os fatos geradores ocorreram em julho de 1973 (fl. 11), como consta do próprio AIIM (fls. 3/5 do Proc. DRT-1.-23469/78, em apenso e fls. 46/48) e o lançamento de ofício, efetuado para rever o autolançamento da autora, se deu em 30-10-78 (fls. 3/5 do processamento administrativo já mencionado e fls. 46/48), vale dizer, quando já passados mais de cinco anos. Nos termos do art. 150, § 4º do CTN o direito do Fisco rever o lançamento por homologação da interessada já estava irremediavelmente extinto (fl. 48).

A doutrina mais moderna não destoou, vejam-se por todos, *verbi gratia*, Luis Eduardo Schoueri[83] e Marcus Abraham[84].

Alberto Xavier sustenta que o art. 150, § 4º, pressupõe um pagamento prévio e por isso estabelece um prazo mais curto, tendo como termo inicial a data do pagamento, dado que este fornece, por si só, ao Fisco uma informação suficiente para permitir exercer o controle. E acrescenta que o art. 173, ao contrário, pressupõe não ter havido pagamento prévio e por essa razão alonga o prazo para o exercício do poder de controle, tendo como termo inicial não a data da ocorrência do fato gerador, mas o exercício seguinte àquele em que o lançamento poderia ser efetuado[85].

O argumento, porém, não convence. Ora, relativamente ao IPTU, por exemplo, que é tributo cujo fato gerador ocorre, em regra, em 1º de janeiro de cada exercício, e é lançado de ofício, sujeitando-se, portanto, ao prazo de

[83] SCHOUERI, Luís Eduardo. **Direito tributário**. 2. ed. São Paulo: Saraiva, 2012, p. 600-608.

[84] ABRAHAM, Marcus. **Curso de direito tributário brasileiro**. Rio de Janeiro: Forense, 2018, p. 263-266.

[85] XAVIER, Alberto. **Do lançamento, teoria geral do ato, do procedimento e do processo tributário**. 2. ed. Rio de Janeiro: Forense, 1998, p. 93.

decadência do art. 173, inciso I, do CTN, a Fazenda Pública já possui, em seu banco de dados, até mesmo previamente à ocorrência do fato gerador, todas as informações necessárias à efetivação do lançamento e, mesmo assim, dispõe de um prazo maior do que o do art. 150, § 4º, para lançar o tributo.

E tanto isso é verdade que a própria Emenda Constitucional n. 42 de 2003 excetuou da anterioridade nonagesimal a fixação da base de cálculo desse tributo, de forma que permitisse às Fazendas Públicas municipais e distrital, conforme o caso, fixá-la ao final de cada exercício, antes mesmo, portanto, da ocorrência do fato gerador.

Nesse contexto, levando-se em conta que o fato gerador do IPTU, de maneira geral, ocorre em 1º de janeiro de cada exercício, a Fazenda Pública disporá de seis anos para efetuar o lançamento do imposto, isto é, um ano do exercício financeiro e mais cinco anos a contar de 1º de janeiro do ano seguinte ao do exercício financeiro[86], (Figura 1) enquanto pela regra do art. 150, § 4º, do CTN, o prazo máximo será, na melhor das hipóteses, de cinco anos, podendo ser inferior a isso, sempre que for concedido ao sujeito passivo prazo para pagamento de tributo, o que ocorre na maioria dos casos (Figura 2).

**FIGURA 1** – Prazo decadencial de tributo sujeito a lançamento originariamente de ofício (IPTU)

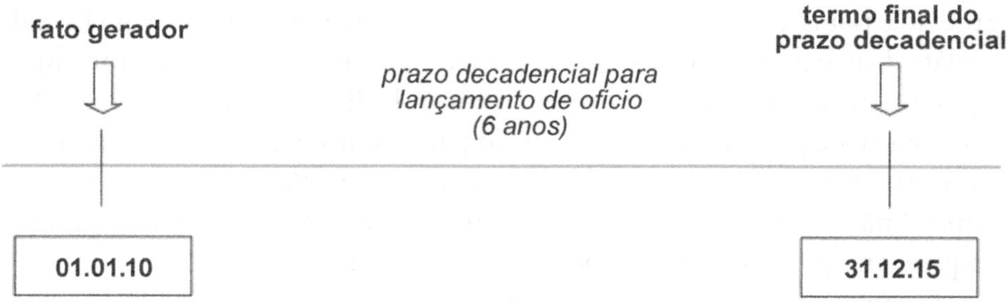


*Fonte: Elaborada pelo autor.*

Abaixo, segue ilustração acerca do prazo decadencial de tributo lançado por homologação, na forma preconizada pela doutrina e pela juris-

[86] NOGUEIRA, Ruy Barbosa. **A Decadência no Direito Tributário Brasileiro.** São Paulo: Resenha Tributária, 1982, p. 20.

prudência, para o qual foi concedido o prazo de 30 dias para pagamento, considerando-se que o termo inicial da decadência é o dia seguinte ao do vencimento do tributo.

**FIGURA 2** – Prazo decadencial de tributo sujeito a lançamento por homologação, com pagamento antecipado parcial

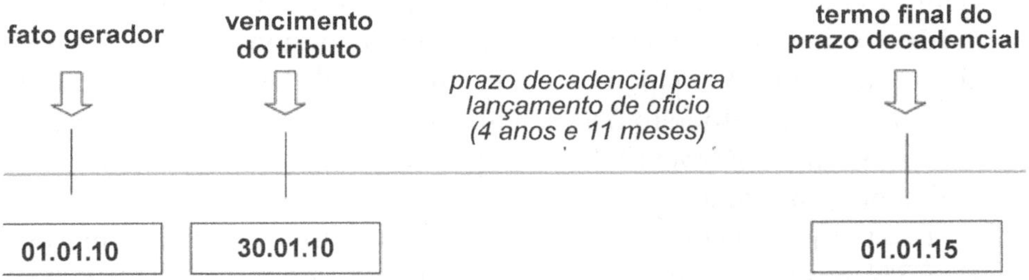


*Fonte: Elaborada pelo autor.*

Verifica-se da segunda figura que, se for concedido ao sujeito passivo o prazo de 30 dias para pagamento do tributo sujeito a lançamento por homologação, a Fazenda Pública disporá de apenas quatro anos e onze meses para constituir o crédito tributário. Em outras palavras, o lançamento por homologação é a modalidade sobre a qual a administração tributária tem o menor controle, se comparado aos lançamentos por declaração e de ofício, e justamente neste caso o prazo decadencial seria menor se houvesse pagamento parcial! Trata-se de um contrassenso que obviamente avilta a estrutura lógica do CTN.

Ademais, se o pagamento antecipado atuasse como mecanismo de controle para influenciar na fixação do prazo decadencial, como sustenta Alberto Xavier[87], o prazo para a Fazenda Pública lançar o tributo seria tanto menor quanto maior fosse o concedido ao sujeito passivo para proceder ao pagamento antecipado do tributo, ou quanto maior fosse a mora do sujeito passivo em recolher o tributo.

Percebe-se, assim, que não foram razões de controle em que se traduziria o pagamento antecipado que levaram à fixação pelo legislador de prazo

[87] XAVIER, Alberto. **Do lançamento, teoria geral do ato, do procedimento e do processo tributário**. 2. ed. Rio de Janeiro: Forense, 1998.

mais curto no art. 150, § 4º, quando comparado ao prazo mais longo do art. 173, inciso I, ambos do CTN.

Luciano Amaro critica a fixação dos termos iniciais estabelecidos no art. 173, inciso I, e no art. 150, § 4º, afirmando que, ao cuidar do prazo decadencial, o Código fixa, de um lado, regra geral no sentido de que o termo inicial é posterior ao momento em que o lançamento é possível, pois é protraído para o início do exercício seguinte (art. 173, I) e, por outro lado, ao definir o prazo decadencial para a manifestação da autoridade administrativa, na mecânica do chamado lançamento por homologação, o início do prazo é anterior ao momento a partir do qual o sujeito ativo poderia avaliar o pagamento feito pelo sujeito passivo e proceder ao lançamento de ofício para exigir eventual diferença[88]. A crítica, contudo, é apenas parcialmente procedente.

Isso porque a análise mais detida da regra contida no art. 173, inciso I, do CTN, revela que o primeiro dia do exercício seguinte àquele em que o lançamento poderia ter sido efetuado não é, efetivamente, o termo inicial da contagem do prazo decadencial, e sim uma espécie de baliza do termo final. Vale dizer, o dispositivo apenas estabelece o critério para determinação do instante em que se extinguirá o direito de lançar, não havendo, como pode parecer à primeira vista, deslocamento do termo inicial, que será sempre o instante em que se instaura a possibilidade jurídica do lançamento.

Tanto isto é verdade que o primeiro dia do exercício seguinte àquele em que o lançamento poderia ser efetuado, havido como termo inicial, sempre estará compreendido em uma faixa intermediária do prazo no qual é permitido à autoridade administrativa efetuar o lançamento.

A título de argumento, veja-se a seguinte redação: o direito de a Fazenda Pública constituir o crédito tributário extingue-se após o decurso do prazo compreendido entre a data em que o lançamento já poderia ser efetuado e o final do respectivo exercício financeiro, acrescido de cinco anos. Se, por hipótese, a redação acima transcrita substituísse a constante do art. 173, inciso I, não se poderia continuar a sustentar que o termo inicial é o primeiro dia do exercício seguinte àquele em o lançamento poderia ser efetuado.

Como se percebe, tanto pela regra positivada no art. 173, inciso I, como pela aqui proposta, a Fazenda Pública terá, efetivamente, igual prazo para efetuar o lançamento, evidenciando que o primeiro dia do exercício

[88] AMARO, Luciano. **Direito tributário brasileiro**. 21. ed. São Paulo: Saraiva, 2016, p. 445.

seguinte àquele em que o lançamento poderia ser efetuado não é o termo inicial da decadência. Existe, na verdade, previsão de prazo decadencial variável em função da data em que se instaura a possibilidade jurídica do lançamento, o qual será de cinco anos e um dia, no mínimo, e de seis, no máximo, de forma que se entende ser incorreto falar-se em prazo quinquenal de decadência.

No que se refere ao termo inicial da decadência, nos tributos sujeitos a lançamento por homologação, que seria a data de ocorrência do fato gerador, nos termos do § 4º do art. 150, a crítica de Luciano Amaro apenas expõe as inconsistências da tese que enxerga no dispositivo a existência de prazo decadencial, quando, na verdade, consoante sustentado no presente trabalho, trata-se de prazo para operar-se o lançamento ficto, e não de decadência.

## 3.6 A Súmula n. 219 do Extinto Tribunal Federal de Recursos e a Oscilação da Jurisprudência do Superior Tribunal de Justiça

Na vigência da Constituição Federal de 1967, o extinto TFR editou, em agosto de 1986, a Súmula n. 219, com o seguinte enunciado:

> Súmula n. 219: Não havendo antecipação de pagamento, o direito de constituir o crédito previdenciário extingue-se decorridos cinco anos do primeiro dia do exercício seguinte àquele em que ocorreu o fato gerador.

Embora o enunciado não o diga expressamente, referida súmula traduzia o entendimento do Tribunal de que, havendo pagamento antecipado, o prazo para a Fazenda Pública constituir o crédito tributário contava-se na forma do art. 150, § 4º, do CTN, de forma que o Fisco disporia de cinco anos contados do fato gerador para homologar expressamente o pagamento antecipado.

Essa interpretação continuou sendo aplicada pelo então recém criado STJ, até que, por volta de meados da década de 1990, o Tribunal declarou que o prazo era de dez anos, já que acrescentou ao prazo de cinco anos previsto no art. 150, § 4º, mais cinco referidos no art. 173, inciso I, contados a partir do primeiro dia do exercício seguinte àquele em que o lançamento poderia ter sido efetuado.

Veja-se, nesse sentido, a seguinte ementa[89]:

[89] REsp 69.308, Rel. Min. Humberto Gomes de Barros, Primeira Turma, DJU 04.03.1996.

> II – O art. 173, I, do CTN, deve ser interpretado em conjunto com seu art. 150, § 4º.
> III – O termo inicial da decadência prevista no art. 173, I, do CTN não é a data em que ocorreu o fato gerador.
> IV – A decadência relativa ao direito de constituir o crédito tributário somente ocorre depois de cinco anos, contados do exercício seguinte àquele em que se extinguiu o direito potestativo de o Estado rever e homologar o lançamento (CTN, art. 150, § 4º).
> V – Se o fato gerador ocorreu em outubro de 1974, a decadência opera-se em 1º.01.1985.

Essa interpretação deu ensejo a acesas críticas doutrinárias, entre as quais se destaca a formulada por Alberto Xavier:

> A ilogicidade da tese jurisprudencial no sentido da aplicação concorrente dos artigos 150, § 4º e 173 resulta ainda evidente da circunstância de o § 4º do artigo 150 determinar que se considera "definitivamente extinto o crédito" no término do prazo de cinco anos contado da ocorrência do fato gerador. Qual seria pois o sentido de acrescer a este prazo um novo prazo de decadência do direito de lançar quando o lançamento já não poderá ser efetuado em razão de já se encontrar "definitivamente extinto o crédito"? Verificada a morte do crédito no final do primeiro qüinqüênio, só por milagre poderia ocorrer a sua "ressurreição" no segundo.
> Bem melhor interpreta a lei o Tribunal Federal de Recursos, na sua Súmula 219 ao subordinar ao pressuposto de "não haver antecipação do pagamento" a aplicação do prazo de cinco anos em função do primeiro dia do exercício seguinte àquele em que ocorreu o fato gerador previsto no art. 173 do Código Tributário Nacional90.

Ainda na década de 1990, o STJ reviu a posição anterior e passou a adotar o entendimento consubstanciado na já transcrita Súmula n. 219, do extinto TFR, consoante se observa da seguinte ementa[91]:

[90] XAVIER, Alberto. A contagem dos prazos no lançamento por homologação. **Revista Dialética de Direito Tributário**. São Paulo: Dialética, n. 27, 1997, p. 10.
[91] REsp 169.246/SP, Rel. Min. Ari Pargendler, Segunda Turma, DJ 29.06.1998, p. 53.

Tributário. Decadência. Tributos sujeitos ao regime do lançamento por homologação. Nos tributos sujeitos ao regime do lançamento por homologação, a decadência do direito de constituir o crédito tributário se rege pelo art. 150, § 4º, do Código Tributário Nacional, isto é, o prazo para esse efeito será de 5 anos a contar da ocorrência do fato gerador; a incidência da regra supõe, evidentemente, hipótese típica de lançamento por homologação, a que pagamento de tributo não for antecipado, já não será o caso de lançamento por homologação, hipótese em que a constituição do crédito tributário deverá observar o disposto no art. 173, I, do CTN. Recurso Especial não conhecido.

Atualmente, a Primeira Seção do STJ possui entendimento consolidado de que nos tributos sujeitos a lançamento por homologação, quando houver pagamento antecipado, ainda que parcial, o prazo decadencial para a Fazenda Pública lançar a diferença não recolhida é contado na forma do art. 150, § 4º, e não pela regra do art. 173, inciso I, ambos do CTN, ou seja, o Fisco disporia de cinco anos contados do fato gerador para efetuar o lançamento, prestigiando, assim, o entendimento firmado por ocasião da edição da Súmula n. 219, do extinto TFR.

Tal entendimento foi firmado no julgamento, entre outros, do Recurso Especial 973.733/SC[92] e do Agravo Regimental no Recurso Especial 1.277.854/PR[93], julgados na sistemática dos recursos repetitivos, respectivamente, em 12 de agosto de 2009 e 12 de junho de 2012, e que serviram de paradigma para a edição da Súmula n. 555, que tem a seguinte dicção:

STJ – Súmula 555: Quando não houver declaração do débito, o prazo decadencial quinquenal para o Fisco constituir o crédito tributário conta-se exclusivamente na forma do art. 173, I, do CTN, nos casos em que a legislação atribui ao sujeito passivo o dever de antecipar o pagamento sem prévio exame da autoridade administrativa.

Para melhor exposição da questão, transcreve-se a ementa do acórdão

[92] REsp 973.733/SC, Rel. Min. Luiz Fux, Primeira Seção, Data do Julgamento 12/08/2009, DJe 18/09/2009.

[93] AgRg no REsp 1.277.854/PR, Rel. Min. Humberto Martins, Segunda Turma, Data do Julgamento 12/06/2012, DJe 18/06/2012.

proferido no julgamento do AgRg no REsp 1.277.854/PR, Rel. Min. Humberto Martins:

> 1. A Primeira Seção, conforme entendimento exarado por ocasião do julgamento do Recurso Especial repetitivo 973.733/SC, Rel. Min. Luiz Fux, considera, para a contagem do prazo decadencial de tributo sujeito a lançamento por homologação, a existência, ou não, de pagamento antecipado, **pois é esse o ato que está sujeito à homologação pela Fazenda Pública, nos termos do art. 150 e parágrafos do CTN.**
> 2. **Havendo pagamento, ainda que não seja integral, estará ele sujeito à homologação**, daí porque deve ser aplicado para o lançamento suplementar o prazo previsto no
>
> § 4º desse artigo (de cinco anos a contar do fato gerador). Todavia, não havendo pagamento algum, não há o que homologar, motivo porque deverá ser adotado o prazo previsto no '

Como se percebe do breve escorço histórico trazido nas linhas precedentes, pelo menos desde a década de 1980, a jurisprudência tem oscilado quando o assunto é a contagem dos prazos no lançamento por homologação, quadro que gerou ao longo de todos esses anos, e ainda gera, enorme insegurança jurídica, tanto para a Fazenda Pública como para os contribuintes.

Sem entrar na discussão acerca da existência ou de declaração, como expressamente alude a referida Súmula n. 555, percebe-se que o Tribunal considerou que, existindo pagamento antecipado, seja de qual valor for, estará ele sujeito à homologação, aplicando-se, por conseguinte, o prazo de cinco anos contados do fato gerador, na forma do art. 150, § 4º, do CTN, para o Fisco exigir a diferença não recolhida.

### 3.6.1 Os Equívocos da Súmula n. 219 do Extinto Tribunal Federal de Recursos e da Atual Jurisprudência do Superior Tribunal de Justiça

Consoante anteriormente exposto, o atual entendimento do STJ reproduz aquele consubstanciado na Súmula n. 219, do extinto TFR, segundo o qual, existindo pagamento antecipado, qualquer que seja o seu valor, aplica-se o prazo do § 4º do art. 150, e não existindo pagamento antecipado, o prazo decadencial é contado do primeiro dia do exercício seguinte àquele em que ocorreu o fato gerador, o que se daria com base no art. 173, inciso I.

Tal entendimento, no entanto, revela dois equívocos, a saber: Um deles é que o primeiro dia do exercício seguinte àquele em que ocorreu o fato gerador nem sempre coincidirá com o primeiro dia do exercício seguinte àquele em que o lançamento poderia ter sido efetuado. Nesse sentido, observa Phelippe Toledo Pires de Oliveira que o fato gerador pode ocorrer no final de um exercício e o vencimento do tributo somente ocorrer no exercício seguinte[94], o que pode resultar na redução de um ano no prazo decadencial. Adiante, seguem duas ilustrações: a primeira em que a data do fato gerador e a vencimento do tributo ocorrem no mesmo exercício financeiro (Figura 3), e a segunda, em que a data do vencimento ocorre no exercício seguinte ao do fato gerador (Figura 4).

**FIGURA 3** – Prazo decadencial de tributo sujeito a lançamento por homologação em que a data de vencimento ocorre no mesmo exercício financeiro do fato gerador, sem pagamento antecipado

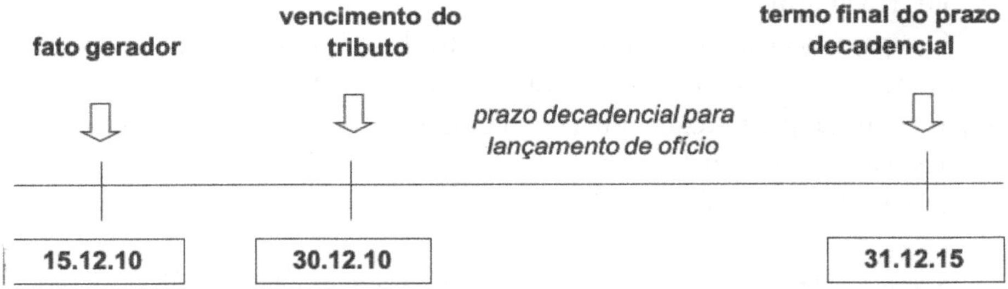


*Fonte: Elaborada pelo autor.*

**FIGURA 4** – Prazo decadencial de tributo sujeito a lançamento por homologação em que a data de vencimento ocorre no exercício financeiro seguinte ao do fato gerador, sem pagamento antecipado

[94] OLIVEIRA, Phelippe Toledo Pires de. Análise do prazo decadencial para o Fisco efetuar o lançamento de ofício nos casos de dolo, fraude e simulação na conduta do contribuinte (art. 150, parágrafo 4º, *in fine*, do CTN). **Revista Dialética de Direito Tributário**. São Paulo: Dialética, n. 223, 2014, p. 145.

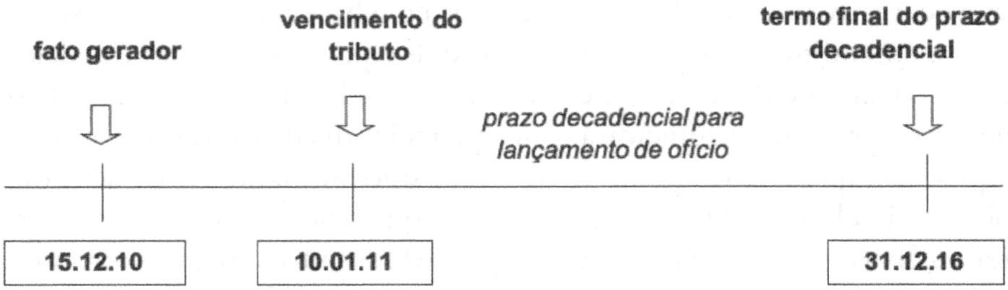


*Fonte: Elaborada pelo autor.*

Como se verifica, a aplicação do teor da Súmula n. 219, do TFR não causa prejuízo à Fazenda Pública no caso de tributo sujeito a lançamento por homologação quando o fato gerador e o vencimento do tributo ocorrerem no mesmo exercício financeiro (Figura 3). No entanto, ocorrendo o fato gerador num determinado exercício e o vencimento do tributo no exercício seguinte, a aplicação da referida súmula resulta em redução de um ano no prazo decadencial para a Fazenda Pública constituir o crédito tributário (Figura 4).

O segundo equívoco, que diz respeito diretamente ao cerne do presente trabalho, reside na interpretação de que, existindo pagamento antecipado, ainda que parcial, aplica-se o prazo do § 4º do art. 150, consoante se passa a demonstrar.

O art. 149, inciso V, do CTN determina:

> Art. 149. **O lançamento é efetuado e revisto** de ofício pela autoridade administrativa nos seguintes casos:
>
> [...]
>
> V – quando se comprove omissão ou **inexatidão**, por parte da pessoa legalmente obrigada, **no exercício da atividade a que se refere o artigo seguinte**.
>
> [...]
>
> Parágrafo único. A revisão do lançamento só pode ser iniciada enquanto não extinto o direito da Fazenda Pública (grifos nossos).

Antes de mais nada, impende registrar a pertinente crítica de Tiago Bologna Dias de que não basta que seja iniciada, devendo a revisão do lançamento se iniciar e se concluir enquanto não extinto o direito da Fazenda

Pública, não sendo suficiente para impedir a ocorrência da decadência o mero início do procedimento que nela culminará[95].

Feita essa observação, cabe assinalar que prevê expressamente o Código que, havendo pagamento antecipado inexato (insuficiente), deve o Fisco tanto efetuar o lançamento de ofício como promover a revisão de ofício do lançamento. Cabe, então, examinar quando é cabível uma ou outra hipótese.

Se a autoridade administrativa constata a insuficiência do pagamento antecipado antes de cinco anos contados do fato gerador, deve recusar a homologação expressa e efetuar o lançamento de ofício pelo valor integral da obrigação tributária, em substituição àquele que deveria operar-se por homologação se o pagamento antecipado fosse integral, observando, contudo, o contido no art. § 3º, do art. 150, que estipula que o pagamento parcial seja considerado na apuração do saldo porventura devido e, sendo o caso, na imposição ou graduação da penalidade.

Por outro lado, se o Fisco fica omisso durante cinco anos contados do fato gerador, o Código, por meio de uma ficção legal, supre a inércia fiscal e institui um lançamento ficto, que, consoante exposto, não veicula regra extintiva do direito de exigir a diferença não recolhida, mas sim visa afastar a decadência que se avizinhava, contada pela regra do art. 173, inciso I, e os efeitos deletérios de sua ocorrência. Nesse caso, efetuado um lançamento ficto ao cabo de cinco anos do fato gerador, não há mais que se falar em decadência, porquanto o lançamento terá sido efetuado tempestivamente, ainda que pelo silêncio, sendo legítimo ao Fisco promover a revisão de ofício do lançamento ficto, impropriamente chamada de lançamento suplementar, para exigir a diferença não recolhida, isso no prazo decadencial estipulado no art. 173, inciso I, com amparo no parágrafo único do art. 149, ambos do CTN (Figura 5).

**FIGURA 5** – Prazo decadencial para revisão de ofício relativa a tributo objeto de homologação tácita (lançamento ficto), com pagamento antecipado parcial

[95] DIAS, Tiago Bologna. Constituição do crédito por meio de declaração do sujeito passivo e interrupção da prescrição por sua retificação. **Revista Dialética de Direito Tributário**. São Paulo: Dialética, n. 149, 2008, p. 111.

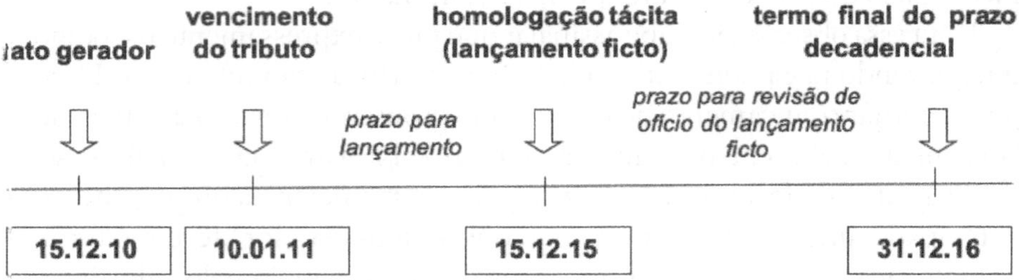


*Fonte: Elaborada pelo autor.*

**FIGURA 6** – Prazo decadencial para revisão de ofício relativa a tributo objeto de homologação expressa, com pagamento antecipado parcial

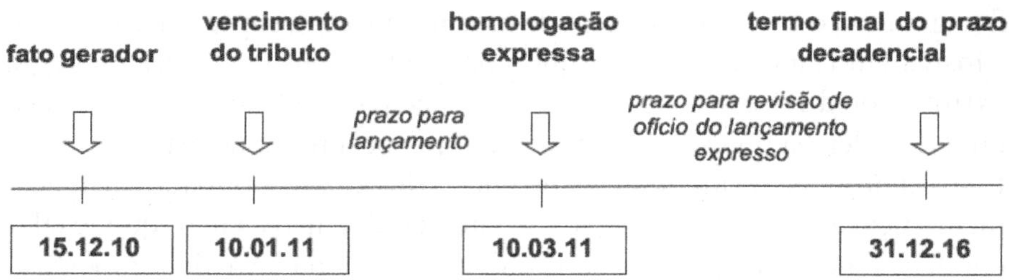


*Fonte: Elaborada pelo autor.*

O exame de ambas as ilustrações demonstra que tudo o que ocorre nos tributos sujeitos a lançamento por homologação antes de findar-se o prazo estipulado no art. 173, inciso I, quer sob a forma de homologação tácita (Figura 5), quer sob a expressa (Figura 6), é provisório e sujeito a revisão de ofício dentro do prazo decadencial único de que cuida o art. 173, inciso I, bem assim que a circunstância de haver pagamento antecipado passível de homologação não exerce qualquer influência na contagem do aludido prazo decadencial.

Assim, *verbi gratia*, se a obrigação tributária é de R$ 100,00 e o sujeito passivo efetua o pagamento antecipado de R$ 80,00, o crédito assim constituído pelo lançamento ficto será extinto por R$ 80,00, mas não a obrigação, que subsistirá pela diferença de R$ 20,00, que não foi recolhida e, por isso, não foi lançada fictamente, podendo a Fazenda Pública revisar de ofício o lançamento ficto no prazo do art. 173, inciso I.

Nesse sentido, inteiramente oportuno se mostra o ensinamento de José Miguel Garcia Medina e Henrique Cavalheiro Ricci, quando afirmam que o prazo previsto no § 4º do art. 150 do CTN só é aplicado na hipótese de regular pagamento, de maneira que, se não houver pagamento ou este for inexato, aplicam-se os arts. 149, inciso V, e 173, do CTN, pois como o sujeito passivo não realizou ato que legalmente estava obrigado a realizar ou o realizou de forma inexata, compete à autoridade administrativa efetuar o lançamento de ofício[96].

A única ressalva que se faz quanto a esse entendimento é no sentido de que, do ponto de vista rigorosamente técnico, existindo pagamento antecipado em montante insuficiente para extinguir a obrigação tributária correspondente, tem-se a homologação tácita ao cabo de cinco anos contados do fato gerador, na ausência de manifestação expressa da Fazenda Pública, e a partir de então as diferenças não recolhidas poderão ser exigidas por meio de revisão de ofício do lançamento ficto, tudo dentro do prazo do art. 173, inciso I.

Acresça-se, em linha de argumentação, que seria totalmente incongruente conceber que o legislador do CTN, após estipular que o tributo é cobrado mediante atividade administrativa plenamente vinculada (art. 3º), prever a responsabilidade funcional da autoridade administrativa que não efetivar o lançamento em conformidade com a lei (art. 142) ou conferir garantias ao crédito tributário (art. 141), instituísse regra especial de decadência, com prazo mais curto, desobrigando o sujeito passivo de proceder ao pagamento integral do tributo devido, quando, pela regra do art. 173, inciso I, do CTN, a Fazenda Pública dispunha de prazo mais elástico para exigir a diferença não recolhida, o qual, a depender da data do vencimento do tributo, pode resultar em mais de um ano de diferença.

### 3.7 A Razão pela qual o Prazo do art. 150, § 4º, é Mais Curto do que o do art. 173, Inciso I, do CTN

Consolidou-se como verdade absoluta o entendimento de que o CTN trataria da decadência do direito de a Fazenda Pública constituir o crédito

[96] MEDINA, José Miguel Garcia; RICCI, Henrique Cavalheiro. Os termos iniciais de contagem dos prazos decadencial e prescricional em matéria tributária e a apresentação da DCTF pelo sujeito passivo. **Revista Dialética de Direito Tributário.** São Paulo: Dialética, n. 157, 2008, p. 79.

tributário em dois de seus dispositivos, sendo o art. 173, inciso I, "a regra geral", com prazo mais longo, aplicável aos tributos sujeitos a lançamentos por declaração e de ofício, e o art. 150, § 4º, mais curto, aplicável aos tributos lançados por homologação.

Alberto Xavier afirma que as normas dos arts. 150, § 4º e 173, não são de aplicação cumulativa ou concorrente, antes são reciprocamente excludentes[97]. Entende-se, todavia, que entre os referidos prazos existe uma relação de continência, estando o prazo do art. 150, § 4º, contido no do art. 173, inciso I, ou seja, o art. 150, § 4º, por estipular uma regra instituidora de um lançamento por ficção legal, deveria fixar um marco temporal para que essa ficção legal se operasse, cujo lançamento ficto haveria de ser efetuado, necessariamente, antes de se iniciar o prazo decadencial do prazo do art. 173, inciso I, do CTN, o qual já se encontrava disciplinado como prazo decadencial único no Projeto de Lei de CTN.

Em outras palavras: a regra do art. 150, § 4º, trata de lançamento por ficção legal, e a do art. 173, de decadência. O prazo do art. 150, § 4º, é mais curto justamente para que sempre se operasse a ficção legal no derradeiro dia antes de se verificar a decadência, contada na forma do art. 173, inciso I, do CTN, pois do contrário a homologação tácita perderia toda a sua finalidade, qual seja, a de evitar que ocorresse a decadência por falta de lançamento e ensejasse o direito de repetição de indébito por parte daqueles sujeitos passivos que anteciparam o pagamento do tributo, consoante já assinalado.

Nesse contexto, tomou-se o menor prazo decadencial possível, pela regra do art. 173, inciso I, que é de cinco anos e um dia, o que ocorre com os fatos geradores cujo lançamento se torna possível em 31 de dezembro de determinado exercício. Assim, pela regra do art. 173, inciso I, tem-se prazo decadencial variável entre cinco anos e um dia, quando o lançamento se torna possível em 31 de dezembro, e seis anos, para os tributos em que o lançamento já é possível em 1º de janeiro do mesmo exercício.

Assim, o prazo decadencial será de seis anos quando se abrir a possibilidade jurídica do lançamento já, em 1º de janeiro, e de cinco anos e um dia, se possível o lançamento só a partir de 31 de dezembro, variando entre

[97] XAVIER, Alberto. **Do lançamento, teoria geral do ato, do procedimento e do processo tributário**. 2. ed. Rio de Janeiro: Forense, 1998, p. 92-93.

esses dois extremos, conforme se verifique a possibilidade de lançar nos demais dias do exercício financeiro.

Dada a inviabilidade de o CTN estabelecer 365 prazos diferenciados em função das diversas datas ao longo do exercício financeiro em que se abre a possibilidade do lançamento, o legislador adotou um prazo genérico para o lançamento ficto, de forma a conceder o máximo de tempo possível para a Fazenda Pública lançar de ofício em caso de inexatidão (insuficiência), com amparo no art. 149, inciso V, do CTN.

Conquanto não mencionado no relatório elaborado por Rubens Gomes de Sousa, entende-se que o deslocamento do termo inicial para o primeiro dia do exercício seguinte àquele em que o lançamento poderia ser efetuado traduz-se em excelente medida de simplificação e controle, tanto para a Fazenda Pública quanto para os sujeitos passivos, qual seja, a de fazer concentrar numa única data (31 de dezembro) os diversos termos finais que, certamente, haveria em cada exercício financeiro, caso o prazo fatal fosse contado da data em que se instaura a possibilidade jurídica do lançamento.

Constata-se, assim, também sob essa ótica, que o entendimento de que o § 4º do art. 150 do CTN abriga regra especial de decadência colide frontalmente com as diretrizes que embasaram a construção da regra decadencial insculpida no art. 173, inciso I, já referida, de se considerar o *dies ad quen* do prazo sempre no último dia do exercício financeiro. Isso porque, admitindo-se a existência de regra especial de decadência no aludido § 4º, a consequência inevitável será de que haverá 365 *dies ad quem* distribuídos ao longo de todo o exercício financeiro, circunstância que, a toda evidência, implica maior complexidade e burocracia, quer por parte da Fazenda Pública, quer por parte dos sujeitos passivos, no acompanhamento dos prazos decadenciais.

Ao estipular que a homologação tácita ocorreria após cinco anos do fato gerador, o § 4º do art. 150 criou um lançamento por ficção legal que se operaria sempre no derradeiro dia antes de se consumar a decadência do art. 173, inciso I, ainda que considerada no seu prazo mínimo (cinco anos e um dia), de forma que permitisse à homologação tácita afastar a decadência que se avizinhava e da qual decorreriam os efeitos mencionados anteriormente (Figura 7).

**FIGURA 7** – Prazo decadencial de tributo sujeito a lançamento por homologação com fato gerador e vencimento na mesma data, e com pagamento antecipado parcial, contado na forma do art. 173, I, em seu mínimo

de cinco anos e um dia

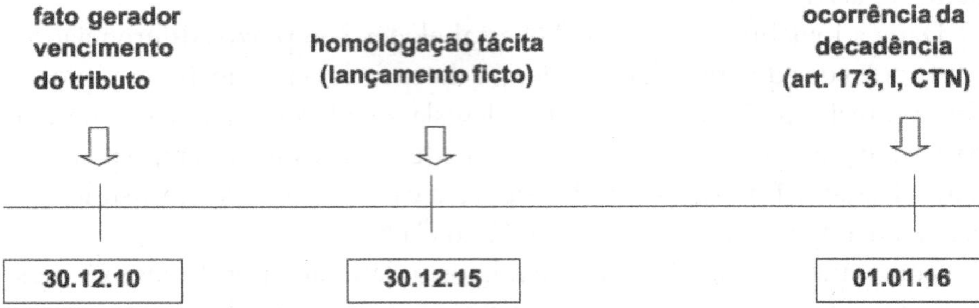


*Fonte: Elaborada pelo autor.*

Como bem assinala Schubert, a homologação tácita foi inserida no Código para atender aos interesses da Fazenda Pública[98] e, no entanto, o que se conclui é que tal ficção legal foi interpretada pela doutrina e pela jurisprudência em prejuízo dela, pois enxergaram no dispositivo regra de decadência, quando, em verdade, trata-se de lançamento ficto que supre a inércia da Fazenda Pública, e não que a pune pela decadência.

[98] MACHADO, Schubert de Farias. **Decadência e prescrição. Pesquisas Tributárias – Nova Série n. 13**. Ives Gandra da Silva Martins (coordenador). São Paulo: Coedição Revista dos Tribunais e Centro de Extensão Universitária, 2008, p. 357.

# Capítulo 4
# A Decadência nos Casos de Dolo, Fraude ou Simulação

## 4.1 Considerações Gerais

O § 4º do art. 150 do CTN estipula que, se a lei não fixar prazo à homologação, será ele de cinco anos, a contar da ocorrência do fato gerador; expirado esse prazo sem que a Fazenda Pública se tenha pronunciado, considera-se homologado o lançamento e definitivamente extinto o crédito, salvo se comprovada a ocorrência de dolo, fraude ou simulação.

A quase unanimidade da doutrina entende haver lacuna quanto ao prazo de que dispõe a Fazenda Pública para lançar o tributo nesses casos, uma vez que a ressalva constante da parte final não teria fixado prazo para tanto.

O CTN não fornece o conceito de dolo, fraude ou simulação, sendo que a caracterização dessas figuras se dá a partir do contido na Lei n. 4.502 de 1964, que traz a definição de sonegação, da fraude e do conluio, nos seguintes termos:

> Art. 71. Sonegação é toda ação ou omissão dolosa tendente a impedir ou retardar, total ou parcialmente, o conhecimento por parte da autoridade fazendária:
> I - da ocorrência do fato gerador da obrigação tributária principal, sua natureza ou circunstâncias materiais;
> II – das condições pessoais de contribuinte, suscetíveis de afetar a obrigação tributária principal ou o crédito tributário correspondente.
> Art. 72. Fraude é toda ação ou omissão dolosa tendente a impedir ou retardar, total ou parcialmente, a ocorrência do fato gerador da obrigação tributária principal, ou a excluir ou modificar as suas características essenciais, de modo a reduzir o montante do imposto devido, ou a evitar ou diferir o seu pagamento.

> Art. 73. Conluio é o ajuste doloso entre duas ou mais pessoas naturais ou jurídicas, visando qualquer dos efeitos referidos nos arts. 71 e 72.

Gabriel Lacerda Troianelli registra uma série de condutas tendentes a enganar, esconder e iludir a Administração Tributária quanto à ocorrência do fato gerador, as quais, uma vez comprovadas, ensejam a aplicação da multa agravada de 150% sobre o valor do tributo devido, conforme decisões do antigo Conselho de Contribuintes do Ministério da Fazenda, atual CARF, valendo a pena transcrevê-las: emissão de "notas calçadas" (Ac. 105-2.984); conta bancária fictícia (Ac. 103-12.178); escrituração pública por valor menor do que o efetivamente praticado (Ac. 106-3.408/91); apresentação de documentos falsos (Ac. 103-18.019); falsidade ideológica (Ac. CSRF/01-0.351); utilização de notas emitidas por empresa inexistente (Ac. 107-233); reiterado oferecimento à tributação de parcela ínfima dos rendimentos (Ac. 101-94.111); subfaturamento (Ac. 107-6.041); efetuação de aplicação financeira em nome de pessoa interposta, praticando omissão de receitas (Ac. 108-07539); operações de compra e venda de títulos inexistentes para comprovação de origem de depósitos bancários (Ac. 103-22457); apresentar, via DCTF e DIPJ, valores tributáveis menores do que os constantes de seus livros fiscais (Ac. 107-07133); contabilização em duplicidade dos custos de mercadorias adquiridas para revenda (Ac. 108-08263); uso reiterado de documentos falsos referentes a empresa inexistente (Ac. 107-04255); saída de recursos da empresa para terceiros distintos daqueles indicados na escrituração (Ac. 105-15267); conduta repetida do contribuinte ao declarar ao Fisco federal valores de receita muito inferiores àqueles declarados ao Fisco estadual (Ac. 108-08021)[99].

Como se percebe, trata-se de condutas que visam impedir a ação fiscalizadora, resultando na ocultação maliciosa do fato gerador com o objetivo de suprimir ou reduzir o pagamento do tributo. Tem-se, assim, que sempre que a conduta do sujeito passivo se enquadrar em qualquer dos artigos da Lei n. 4.502 de 1964, anteriormente transcritos, atrairá a incidência da ressalva constante do § 4º do art.150 do CTN.

[99] TROIANELLI, Gabriel Lacerda. Lançamento por homologação e decadência do direito de constituir o crédito. **Revista Dialética de Direito Tributário**. São Paulo: Dialética, n. 151, 2008, p. 36-37.

## 4.2 A Questão da Lacuna Normativa Referente ao § 4º do art. 150 do Código Tributário Nacional

A lacuna normativa é questão bastante polêmica na doutrina. Leciona Maria Helena Diniz que os autores se dividem em duas correntes antitéticas: a que afirma, pura e simplesmente, a inexistência de lacunas, sustentando que o sistema jurídico forma um todo orgânico sempre bastante para disciplinar todos os comportamentos humanos; e a que admite a existência de vácuos ou lacunas nos ordenamentos, que, por mais perfeitos que sejam, não podem prever todas as situações de fato que, constantemente, transformam-se ou surgem inteiramente novas, acompanhando o ritmo instável da vida[100].

Não integra o objeto do presente trabalho adentrar a essa polêmica doutrinária, cabendo assinalar que o ordenamento jurídico brasileiro reconhece expressamente a possibilidade de existência de lacunas, com o que se alinha o presente estudo. Nesse sentido, dispõe o art. 4º da Lei de Introdução às Normas do Direito Brasileiro (Decreto-lei n. 4.657 de 1942, com redação dada pela Lei n. 12.376 de 2010), que quando a lei for omissa, o juiz decidirá o caso de acordo com a analogia, os costumes e os princípios gerais de direito. Já o Código de Processo Civil (Lei n. 13.105 de 2015) estabelece em seu art. 140 que o juiz não se exime de decidir sob a alegação de lacuna ou obscuridade do ordenamento jurídico.

Destarte, não havendo normas legais para solução do caso concreto, o juiz deverá se utilizar da analogia, dos costumes e dos princípios gerais de direito e, desta forma, obter elementos para proferir decisão em relação à situação que era lacunosa ou obscura.

No que tange especificamente à seara tributária, o Código Tributário Nacional acolheu a teoria das lacunas, ao dispor no art. 108 sobre a integração da legislação tributária, nos seguintes termos:

> Art. 108. Na ausência de disposição expressa, a autoridade competente para aplicar a legislação tributária utilizará, sucessivamente, na ordem indicada:
> I – a analogia;
> II – os princípios gerais de direito tributário;
> III – os princípios gerais do direito público;
> IV – a equidade.

[100] DINIZ, Maria Helena. **As lacunas no direito.** 8. ed. São Paulo: Saraiva, 2007, p. 23.

§ 1º O emprego da analogia não poderá resultar na exigência de tributo não previsto em lei.

§ 2º O emprego da equidade não poderá resultar na dispensa do pagamento de tributo devido.

Assim, na ausência de disposição legal expressa, o primeiro instrumento para supri-la é a analogia. Tem-se então a analogia como meio de integração da legislação tributária. É utilizada, portanto, para preencher as lacunas da ordem jurídica positiva. Busca solução ao caso concreto, em normas pertinentes a situações semelhantes, análogas e afins[101].

O art. 108 do CTN estabelece que, na hipótese de ser infrutífera a analogia, a autoridade competente para aplicar a legislação tributária utilizará sucessivamente os princípios gerais de Direito Tributário e os princípios gerais de Direito Público.

A última forma de preenchimento de lacunas estabelecida no art. 108 do CTN é a equidade. Segundo Ricardo Lobo Torres, a equidade absorve os princípios gerais do direito, nada mais sendo que a aplicação dos princípios derivados da ideia de justiça (capacidade contributiva e custo-benefício) ao caso concreto[102].

No que tange ao § 4º do art. 150 do CTN, afirma a doutrina, de modo quase unânime, que na ressalva constante de sua parte final "salvo se comprovada a ocorrência de dolo, fraude ou simulação" existiria uma lacuna normativa, a qual demandaria o emprego da analogia como meio de integração, entendimento que não se coaduna com a posição firmada no presente estudo, que adota a linha de que a matéria foi expressamente regulada pelo próprio CTN, prescindindo-se, assim, do emprego dos meios de integração, conforme se verá adiante.

### 4.3 A Decadência nos Casos de Dolo, Fraude ou Simulação na Visão da Doutrina e da Jurisprudência

Entre os autores que vislumbram a existência de lacuna no § 4º do art. 150 do CTN, José Souto Maior Borges aponta interpretação existente ainda na

[101] RIBEIRO, Maria de Fátima Ribeiro. **Comentários ao Código Tributário Nacional**. 4. ed. Carlos Valder do Nascimento (coordenador). Rio de Janeiro: Forense, 1999, p. 231.

[102] TORRES. Ricardo Lobo. **Normas de interpretação e integração do direito tributário** 3. ed. Rio de Janeiro: Renovar, 2000, p. 131.

vigência do Código Civil de 1916, a qual preconizava a aplicação do prazo prescricional de vinte anos previsto para as ações pessoais, concluindo, todavia, que caberia apenas ao Poder Judiciário, diante de uma pendência em um caso concreto entre o Fisco e o sujeito passivo, aplicar o art. 177 do Código Civil de 1916 para a fixação dos termos de decadência do direito de lançar nos casos de dolo, fraude ou simulação[103].

Por outro lado, entendendo que a decadência nesses casos é matéria tributária, mas também penal, tem-se a posição de Francisco José Soares Feitosa, o qual defende a aplicação do prazo prescricional de doze anos, previsto no art. 109, inciso III, do Código Penal, uma vez que a maioria dos crimes fiscais previstos na Lei n. 8.137 de 1990, é contemplada com pena de reclusão de dois a cinco anos[104].

Eurico Marcos Diniz de Santi sustenta que o Fisco dispõe do prazo de cinco anos para constituir administrativamente o fato do dolo, da fraude ou da simulação, formalizando, assim, o ilícito tributário, que servirá como *dies a quo* do novo prazo decadencial de cinco anos, na forma do art. 173 do CTN. Assim, transcorridos cinco anos sem que a autoridade administrativa se pronuncie, produzindo a notificação formalizadora do ilícito, operar-se-á ao mesmo tempo a decadência do direito de lançar de ofício, a decadência do direito de constituir juridicamente o dolo, a fraude ou a simulação para os efeitos do art. 173, parágrafo único, do CTN, e a extinção do crédito tributário em razão da homologação tácita do pagamento antecipado[105].

Diversamente pensa José Hable, para quem há de ser aplicado o prazo decadencial referido no art. 173, inciso I, do CTN, tendo, no entanto, como termo inicial a data em que o Fisco toma ciência do fato ocultado, ao argumento de que, antes disso, não há inércia do titular do direito, pressuposto necessário à ocorrência do instituto da decadência. Há que ficar, entretanto, demonstrado que o Fisco, em determinado prazo, ficou inerte: sabia

[103] BORGES, José Souto Maior. **Lançamento Tributário.** 2. ed. São Paulo: Malheiros, 1999, p. 406-408.

[104] FEITOSA, Francisco José Soares Feitosa. Prazo para lançar tributos no caso de fraude, dolo ou simulação. **Revista Dialética de Direito Tributário**. São Paulo: Dialética, n. 134, 2006, p. 36.

[105] SANTI, Eurico Marcos Diniz de. **Decadência e prescrição no direito tributário.** 4. ed. São Paulo: Saraiva, 2011, p. 121-122.

e não agiu no tempo predeterminado em lei[106]. No mesmo sentido manifestou-se Luciano Marinho de Barros e Souza Filho[107].

Phellippe Toledo Pires de Oliveira admite a contagem do prazo decadencial a partir da constatação e formalização do ilícito, porém, refuta o entendimento segundo o qual referido prazo contar-se-ia da data em que o Fisco toma conhecimento do fato ocultado com dolo, fraude ou simulação, ao argumento de que tal situação geraria total insegurança ao sujeito passivo da obrigação tributária[108]. Esse pensamento é compartilhado por José Souto Maior Borges, o qual afirma que isso importaria procrastinação indefinida do termo inicial do prazo de decadência, sendo que a qualquer tempo e sem qualquer controle, poderia o Fisco alegar a superveniência desse conhecimento do vício[109].

Consoante consta do relatório elaborado por Rubens Gomes de Sousa, o Projeto de CTN rejeitou a tese de imprescritibilidade dos créditos fiscais, apoiada na inalienabilidade dos bens públicos, de que cuidava o art. 67 do Código Civil de 1916, sob o argumento de que o fundamento da prescrição, tanto dos créditos da Fazenda Pública como dos particulares, é o interesse público na estabilidade das situações jurídicas[110]. A se aceitar, por isso, a tese de que não decai o direito de lançar nas hipóteses de dolo, fraude ou simulação, desconsiderar-se-iam valores fundamentais nas relações entre o Fisco e o contribuinte, como a segurança, a certeza e a estabilidade, afinal, valores consagrados pelo próprio Código Tributário Nacional, que expressamente inclui a decadência entre as hipóteses de extinção do crédito tributário (art. 156, V)[111].

[106] HABLE, José. **A extinção do crédito tributário por decurso de prazo – decadência e prescrição tributárias.** 4. ed. São Paulo: Editora Método, 2014, p. 210-211.

[107] SOUZA FILHO, Luciano Marinho de Barros e. Da prescrição e da decadência na cobrança de contribuições previdenciárias decorrentes de reclamatórias e consignatórias trabalhistas. **Revista Dialética de Direito Tributário.** São Paulo: Dialética, n. 171, 2009, p. 77-78.

[108] OLIVEIRA, Phelippe Toledo Pires de. Análise do prazo decadencial para o Fisco efetuar o lançamento de ofício nos casos de dolo, fraude ou simulação na conduta do contribuinte (art. 150, parágrafo 4º, *in fine*, do CNT). **Revista Dialética de Direito Tributário.** São Paulo: Dialética, n. 223, 2014, p. 145.

[109] BORGES, José Souto Maior. **Lançamento tributário.** 2. ed. São Paulo: Malheiros, 1999, p. 407.

[110] BRASIL. **Trabalhos da Comissão Especial do Código Tributário Nacional**. Rio de Janeiro: Ministério da Fazenda, 1954, p. 226.

[111] BORGES, José Souto Maior. **Lançamento tributário**. 2. ed. São Paulo: Malheiros, 1999, p. 406.

Embora também vislumbre lacuna no aludido § 4º, Luciano Amaro rejeita as soluções preconizadas pela doutrina, antes referidas, concluindo pela aplicação do prazo de cinco anos contados na forma do art. 173, inciso I, do CTN, e afirma que esta solução não é boa, nada obstante continue a não ver outra, *de lege lata*[112]. Na mesma linha posiciona-se Paulo de Barros Carvalho, para quem a regra que mais condiz com o espírito do sistema é a do art. 173, inciso I, do CTN[113], entendimento que prevalece na doutrina.

Como se percebe, a doutrina enxerga a existência de lacuna no § 4º do art. 150 do CTN, divergindo, no entanto, acerca das soluções apontadas para preenchimento dessa lacuna.

Hugo de Brito Machado, na mesma linha adotada no presente trabalho, dissente dessa interpretação e, não vislumbrando lacuna no dispositivo, afirma que a ressalva nele constante diz respeito à modalidade de lançamento, haja vista que, constatada a ocorrência de dolo, fraude ou simulação, já não se cogitará de lançamento por homologação, e sim de lançamento de ofício, nos termos do art. 149, inciso VII, do CTN, sendo, por isso, aplicável o art. 173, inciso I, do CTN[114].

A jurisprudência do STJ alinha-se com o entendimento da doutrina majoritária, segundo o qual deve ser aplicado o disposto no art. 173, inciso I, do CTN. Nesse sentido, traz-se ementa de julgado daquela Corte de Justiça, no Agravo Regimental no Recurso Especial 1.532.105/RR[115]:

> TRIBUTÁRIO. AGRAVO REGIMENTAL NO RECURSO ESPECIAL. ICMS. EXECUÇÃO FISCAL. ART. 173, I, DO CTN: O PRAZO DECADENCIAL NOS TRIBUTOS SUJEITOS A LANÇAMENTO POR HOMOLOGAÇÃO, CASO TENHA HAVIDO DOLO, FRAUDE OU SIMULAÇÃO POR PARTE DO SUJEITO PASSIVO, TEM INÍCIO NO PRIMEIRO DIA DO ANO SEGUINTE AO QUAL PODERIA O TRIBUTO TER SIDO LANÇADO. FORA DESSAS HIPÓTESES, APLICA-SE O PRAZO DECADENCIAL PREVISTO NO ART.

[112] AMARO, Luciano. **Direito tributário brasileiro.** 21. ed. São Paulo: Saraiva, 2016, p. 439-440.

[113] CARVALHO, Paulo de Barros. **Curso de direito tributário.** 27. ed. São Paulo: Saraiva, 2016, p. 408-409.

[114] MACHADO, Hugo de Brito. A decadência e os tributos sujeitos a lançamento por homologação. **Revista Dialética de Direito Tributário.** São Paulo: Dialética, n. 59, 2000, p. 48.

[115] AgRg no REsp 1.532.105/RR, Rel. Min. Napoleão Nunes Maia Filho, Primeira Turma, Data do Julgamento 15/03/2016, DJe 31/03/2016.

> 150, § 4º,. DO CTN, TENDO A FAZENDA PÚBLICA CINCO ANOS PARA HOMOLOGAR O PAGAMENTO ANTECIPADO, A CONTAR DA OCORRÊNCIA DO FATO GERADOR. PRECEDENTES. CASO EM QUE A MOLDURA FÁTICA DO ACÓRDÃO NÃO CONTÉM INFORMAÇÕES ACERCA DA EXISTÊNCIA DE DECLARAÇÃO DA CONTRIBUINTE E DO PAGAMENTO DO TRIBUTO. SÚMULA 7/STJ. DECADÊNCIA MANTIDA. AGRAVO REGIMENTAL DO ESTADO DE RORAIMA AO QUAL SE NEGA PROVIMENTO.
> 1. O entendimento assente nesta Corte é o de que o prazo decadencial nos tributos sujeitos a lançamento por homologação, caso tenha havido dolo, fraude ou simulação por parte do sujeito passivo, tem início no primeiro dia do ano seguinte ao qual poderia o tributo ter sido lançado (REsp 1.086.798/PR, Rel. Min. CASTRO MEIRA, DJe 24.4.2013 e AgRg no AgRg no AREsp 451.350/MG, Rel. Min. BENEDITO GONÇALVES, DJe 1º.7.2014).
> [...]
> 4. Agravo regimental do Estado de Roraima ao qual se nega provimento.

Feita essa breve síntese acerca de como a doutrina e a jurisprudência examinam a questão, passa-se a examinar as figuras do dolo, da fraude e da simulação em cotejo com as modalidades de lançamento estipuladas no CTN.

### 4.4 O Dolo, a Fraude e a Simulação e as Modalidades de Lançamento

A essa altura, entende-se ser essencial estabelecer-se um breve paralelo entre as modalidades de lançamento estipuladas no CTN e a possibilidade de ocorrência das figuras em exame em cada uma delas, porquanto tal ponto afigura-se de extrema relevância no desenvolvimento deste estudo.

#### 4.4.1 Nos Tributos Sujeitos a Lançamento por Declaração

Exemplo clássico de tributo historicamente lançado por declaração é o Imposto sobre a Renda das Pessoas Jurídicas (IRPJ), o que se verificou até a década de 1980, sendo certo que, a partir de então, o IRPJ adquiriu a feição de tributo sujeito a lançamento por homologação, porquanto a legislação passou a exigir que o sujeito passivo promovesse o seu pagamento antes de qualquer exame da autoridade administrativa, nada obstante continuasse a estipular a obrigatoriedade de entrega anual da Declaração de Rendimentos da Pessoa Jurídica (DIPJ), o que ocorreu até o encerramento do ano-calendário de 2013, quando foi extinta.

Considerando-se a época em que o IRPJ era lançado por declaração – o que pode ser aplicável atualmente a qualquer outro tributo instituído pelas mais de 5.500 pessoas políticas da Federação – a prática de qualquer das figuras em exame poderia estar materializada na escrituração comercial e fiscal, ou na ausência dela, ou, ainda, no preenchimento e apresentação à Fazenda Pública da própria declaração, de forma que, tanto numa como noutra hipótese, comprovando a autoridade administrativa a ocorrência de dolo, fraude ou simulação, deveria promover o lançamento de ofício em substituição à modalidade por declaração, com fundamento no art. 149, inciso VII, do CTN, que dispõe:

> Art. 149. O lançamento é efetuado e revisto de ofício pela autoridade administrativa nos seguintes casos:
> [...]
> VII – quando se comprove que o sujeito passivo, ou terceiro em benefício daquele, agiu com dolo, fraude ou simulação.

Se assim foi durante as quase três décadas de vigência do CTN em que o IRPJ foi lançado por declaração — e poderá continuar a sê-lo em relação a determinado tributo sujeito a lançamento por declaração em qualquer das esferas da Federação —, que lógica haveria no fato de o CTN ter feito ressalva expressa aos casos de dolo, fraude ou simulação quanto ao lançamento por homologação, de um lado; e, ao menos aparentemente, haver se omitido com respeito a tais casos, por outro lado, em relação aos tributos lançados por declaração?

É interessante observar que, ao abordar o tema em questão, a doutrina, de maneira geral, parece ter enxergado o dolo, a fraude e a simulação como figuras ínsitas ao lançamento por homologação e não se apercebeu que tais condutas também ocorrem nos tributos submetidos a lançamento por declaração. Nada obstante isso, a doutrina não aponta lacuna no CTN para os casos comprovados de dolo, fraude ou simulação nos tributos submetidos a lançamento por declaração!

Ora, o dispositivo do CTN que determina o lançamento de ofício quando presentes tais figuras no lançamento originariamente previsto por declaração é rigorosamente o mesmo da modalidade por homologação, qual seja, o art. 149, inciso VII, de maneira que não há razão alguma para se aplicar regramento jurídico distinto.

Registre-se, por oportuno, que não houve qualquer omissão do CTN em relação aos casos de dolo, fraude ou simulação no lançamento por declaração. Isso porque, não contemplando a modalidade por declaração a figura da ficção legal, poderia até mesmo ser considerada absurda a hipótese de o legislador consignar expressamente a ressalva quando ocorridas tais figuras, tal qual fizera na parte final do § 4º do art. 150, porquanto a modalidade por declaração exige sempre um ato humano de aplicação da lei ao caso concreto, de maneira que, diante de qualquer dessas condutas, a autoridade administrativa deverá ater-se à disciplina contida no art. 149, inciso VII, do CTN, que regula inteiramente a matéria nessas hipóteses.

É dizer, ao iniciar o procedimento de lançamento por declaração e deparar com a prática comprovada de dolo, fraude ou simulação, a autoridade administrativa deve alterar o procedimento de "por declaração" para "de ofício", passando, a partir de então, o lançamento a ter a sua disciplina legal no já referido inciso VII, do art. 149, e não mais no art. 147 do CTN.

### 4.4.2 Nos Tributos Sujeitos a Lançamento de Ofício

Nos tributos sujeitos a lançamento originariamente de ofício (art. 149, inciso I), ou seja, nos casos em que a lei determina que a autoridade administrativa deva efetuar o lançamento independentemente de qualquer ação, omissão ou inexatidão do sujeito passivo ou de terceiro, em princípio, não se verifica a possibilidade de ocorrência de dolo, fraude ou simulação. Com efeito, se a Fazenda Pública, por sua própria conta, já dispõe de todas as informações necessárias ao lançamento e se, para isso, não concorre o sujeito passivo ou terceiro, parece não haver lugar para a prática dessas condutas.

Apenas remotamente se vislumbra a possibilidade de ocorrência de qualquer dessas figuras nos casos de lançamento originariamente de ofício. Tal poderia ocorrer, por exemplo, na hipótese de uma lei municipal, não exigindo pagamento antecipado nem a apresentação de uma declaração, determinar que o Imposto Sobre Serviços (ISS) seja lançado de ofício com base nas informações constantes da escrituração comercial e fiscal do sujeito passivo. Veja-se que, nessa hipótese, ao promover a escrituração comercial e fiscal, o sujeito passivo estará cumprindo obrigação acessória não diretamente relacionada com o lançamento, porquanto a lei municipal estipula caber à Fazenda Pública lançar originariamente de ofício o imposto. Em tal hipótese, tendo o contribuinte procedido com dolo, fraude ou simulação materializada na escrituração comercial e fiscal, ou na ausência dela, o fundamento do lançamento de ofício seria o art. 149, inciso I c/c inciso VII.

Tratar-se-ia, segundo pensamos, de previsão incomum, mas que se mostra juridicamente possível à vista do estipulado no CTN acerca das modalidades de lançamento.

### 4.4.3 Nos Tributos Sujeitos a Lançamento por Homologação

Consignou-se que, nos termos do art. 150, *caput*, do CTN, o lançamento por homologação opera-se pelo ato da autoridade administrativa que, tomando conhecimento do pagamento antecipado promovido pelo sujeito passivo, expressamente o homologa, verificando-se a ficção legal da homologação tácita quando silente a Fazenda Pública no prazo de cinco anos contados da ocorrência do fato gerador.

Antes de se avançar, cabe aqui um breve registro, que se entende necessário. Conforme já assinalado, consolidou-se na jurisprudência o entendimento de que a entrega de declaração por parte do sujeito passivo constitui o crédito tributário, prescindindo-se de lançamento de ofício quanto à parte objeto de confissão (DCTF, GIA, entre outras).

Nessa linha de entendimento, cabe consignar que nos tributos sujeitos a lançamento por homologação o dolo, a fraude ou a simulação poderá, igualmente, estar materializado na escrituração comercial ou fiscal, ou na ausência dela, podendo também se evidenciar no preenchimento e na apresentação da declaração contendo a confissão de dívida. Nessas hipóteses, em relação à parte não paga antecipadamente ou não confessada do débito tributário, deverá a autoridade administrativa efetuar lançamento de ofício em substituição àquele que deveria operar-se por homologação, fazendo-o igualmente com fundamento no art. 149, inciso VII, do CTN.

## 4.5 A Homologação Expressa e o Dolo, a Fraude ou a Simulação

O art. 149, inciso VII, do CTN, estipula expressamente que nos casos em que comprovada a prática de dolo, fraude ou simulação a autoridade administrativa deverá lançar de ofício o tributo. Assim, se o lançamento é atividade vinculada, sob pena de responsabilidade funcional, não dispõe a autoridade administrativa de qualquer juízo de conveniência e de oportunidade quanto a efetuá-lo ou não, ou ainda, quanto a efetuá-lo pela modalidade diversa da determinada na lei. Daí por que, deparando a autoridade administrativa com as condutas em exame e comprovada tal situação, não poderá a autoridade administrativa homologar expressamente o pagamento antecipado. Deverá, à evidência, rejeitar a homologação expressa e lançar de ofício o tributo, com a imposição de penalidade fixada na lei, tudo com fundamento no art. 149, inciso VII, do Código. Nesses casos, em que haja sonegação fiscal, não há de se falar em lançamento por homologação[116].

Do ponto de vista semântico, a palavra homologação, por si só, já evidencia que ela não poderá ter lugar quando comprovada a ocorrência de dolo, fraude ou simulação, uma vez que a concordância da Fazenda Pública com um pagamento antecipado pressupõe que esse recolhimento tenha sido suficiente à extinção da obrigação correspondente, o que, à evidência, não se verifica quando presente qualquer dessas figuras.

Com efeito, seria impensável que a autoridade administrativa, ao examinar a exatidão do pagamento antecipado promovido pelo sujeito passivo, deparasse com qualquer dessas figuras e concordasse com esse pagamento, vindo a homologá-lo expressamente. Tal conduta, por óbvio, ensejaria a responsabilização funcional da autoridade, podendo ela, em tese, ainda responder na esfera criminal.

Note-se que, tal qual se dá com o lançamento por declaração, na homologação expressa (art. 150, *caput*) não há qualquer ressalva quanto aos casos comprovados de dolo, fraude ou simulação. Isso porque, pressupondo a homologação expressa um ato humano de aplicação da lei ao caso concreto, seria absolutamente desnecessária e até absurda tal ressalva, porquanto a matéria já se encontra regulada pelo art. 149, inciso VII, do CTN, de forma que, comprovado o dolo, a fraude ou a simulação, a autoridade administrativa deverá rejeitar a homologação e lançar de ofício o tributo, haja vista que, nesse caso, toda a disciplina legal da matéria desloca-se do art. 150 para o já referido art. 149, inciso VII.

### 4.6 A Homologação Tácita e o Dolo, a Fraude ou a Simulação

Inicialmente, cabe repisar que a doutrina de forma amplamente majoritária enxerga lacuna decorrente da expressão "salvo se comprovada a ocorrência de dolo, fraude ou simulação", decorrendo daí interpretações diversas sobre qual seria o prazo e o termo inicial para a Fazenda Pública constituir o crédito tributário nessas situações, consoante já mencionado.

[116] HABLE, José. **A extinção do crédito tributário por decurso de prazo – decadência e prescrição tributárias**. 4. ed. São Paulo: Editora Método, 2014, p. 86.

Entende-se que o deslinde da questão exige que se identifique com precisão qual é o suporte fático para incidência da norma jurídica veiculadora da ficção legal em que consiste a homologação tácita. Dispõe o § 4º do art. 150 do CTN que, passados cinco anos contados do fato gerador e tendo a Fazenda Pública silenciado, "considera-se homologado o lançamento e definitivamente extinto o crédito, salvo se comprovada a ocorrência de dolo, fraude ou simulação".

Examinando-se referido dispositivo, constata-se claramente que o fato inexistente que o CTN, por meio de ficção legal, considera como ocorrido no mundo dos fatos é o ato de lançamento. Daí por que se impõe perquirir qual é o suporte fático que dá ensejo à homologação expressa, para, a partir disso, considerar qual será, igualmente, o suporte fático para a incidência da regra jurídica veiculadora da ficção legal em que consiste a homologação tácita.

Nesse diapasão, viu-se que a autoridade administrativa, sob pena de responsabilidade funcional e, conforme o caso, criminal, não poderá homologar o pagamento antecipado quando constatar que este decorre de dolo, fraude ou simulação, hipótese em que deverá rejeitar a homologação e lançar de ofício o tributo (art. 149, inciso VII, do CTN).

Ora, se não é cabível a homologação expressa pela autoridade administrativa nos casos de dolo, fraude ou simulação, pelas razões já apontadas, não poderia a homologação tácita — uma ficção legal criada em caráter subsidiário daquela — considerar como ocorrida a concordância do Fisco em tais situações.

Nesse ponto, cabe trazer à baila a lição de Gilberto de Ulhôa Canto *apud* Hugo de Brito Machado.

> Se através da ficção a lei equipara um determinado fato a outro, regulado juridicamente, erigido em modelo, se assim se estabelece como verdadeiro um fato que se sabe falso e se os elementos do suporte fático da incidência da regra jurídica são pela lei criados e impostos como reais, não se pode deixar de concluir, logicamente, que os textos de lei que consubstanciam tais suposições só admitem interpretação restritiva, abrangendo, com exclusividade, as hipóteses expressamente consignadas. O contrário, isto é, a aplicação analógica ou extensiva de tais dispositivos, levaria o intérprete a criar outras tantas ficções, não previstas pelo legislador, o que acarretaria uma dilatação ilimitada da norma jurídica, de forma

inteiramente contrária ao seu espírito objetivo[117].

É dizer, se o suporte fático da regra jurídica, ao qual se refere Gilberto de Ulhôa Canto, no caso, a existência de pagamento antecipado que não tenha decorrido de dolo, fraude ou simulação, encontra-se presente, então a regra jurídica veiculadora da ficção legal incide normalmente produzindo todos os efeitos jurídicos que lhe são próprios.

Observe-se que o inverso também é verdadeiro: se o suporte fático não está presente, porque o pagamento antecipado decorreu da prática comprovada de dolo, fraude ou simulação, a conclusão inafastável é no sentido de que a regra jurídica não incide. Não se tem, assim, por verificada a ficção legal por ausência de suporte fático, de maneira que não cabe cogitar da prática de um ato formal objetivando afastar a homologação tácita, pela simples razão de que a norma jurídica veiculadora da ficção legal em que ela consiste não incide.

A não incidência da regra jurídica implica, à evidência, o afastamento do prazo fixado para que ela incidisse, exatamente porque a matéria está regulada expressamente noutro dispositivo, qual seja, o art. 149, inciso VII, do Código. Em resumo: a regra jurídica veiculadora da ficção legal não incide, quer porque ausente o suporte fático, quer porque existe no CTN outro dispositivo legal tratando expressamente da matéria. Se não incide a regra jurídica, por óbvio, não incide o prazo a ela relativo, afastando-se, assim, todo o enunciado contido no § 4º do art. 150 do CTN para os casos comprovados de dolo, de fraude ou simulação.

## 4.7 A Interpretação Gramatical do § 4º do art. 150 do CTN, no que se Refere à Ressalva quanto ao Dolo, à Fraude e à Simulação

Abstraindo-se, por ora, os argumentos até aqui desenvolvidos, entende-se pertinente examinar a redação do aludido § 4º também do ponto de vista gramatical. E o emprego desse método interpretativo igualmente conduz, de forma inexorável, à conclusão de que a ressalva em estudo diz respeito à homologação tácita como modalidade de lançamento e à con-

[117] CANTO, Gilberto de Ulhôa apud MACHADO, Hugo de Brito. **Presunções no Direito Tributário. Caderno de Pesquisas Tributárias,** v. 9, 2. tiragem. Ives Gandra da Silva Martins (coordenador) São Paulo: Coedição Resenha Tributária e Centro de Estudos de Extensão Universitária, 1991, p. 263.

sequente não extinção do crédito, e não ao prazo de cinco anos referido no mesmo parágrafo.

Para melhor fixação da questão, transcreve-se, novamente, o dispositivo contido no § 4º do art. 150 do CTN:

> § 4º Se a lei não fixar prazo à homologação, será ele de 5 (cinco) anos, a contar da ocorrência do fato gerador; expirado esse prazo sem que a Fazenda Pública se tenha pronunciado, considera-se homologado o lançamento e definitivamente extinto o crédito, salvo se comprovada a ocorrência de dolo, fraude ou simulação.

Com efeito, examinando-se detidamente o dispositivo ver-se-á que o vocábulo "salvo" refere-se às expressões "considera-se homologado" e "definitivamente extinto", e não ao verbo "será". Note-se que caberia normalmente a colocação de ponto final após a expressão "fato gerador" sem que o sentido do enunciado sofresse qualquer alteração. De igual modo, o período iniciado com "expirado" poderia perfeitamente ter dado lugar a um novo parágrafo, sem que ocorresse qualquer alteração no significado do enunciado, evidenciando que a ressalva se dirige às palavras "considera-se" e "definitivamente".

Pela ressalva contida no § 4º do art. 150 do CTN fica estabelecido que, havendo a referida comprovação, não ocorrerá a homologação tácita e nem o crédito tributário estará extinto ao se expirar o prazo de cinco anos do fato gerador, sem que a Fazenda Pública tenha se manifestado.

Percebe-se, destarte, também sob o ponto de vista da interpretação gramatical, que a ressalva em estudo não é dirigida diretamente ao prazo, mas sim à modalidade de lançamento (homologação tácita) e à sua consequência – a extinção definitiva do crédito -, a traduzir, de forma cristalina que, comprovado o dolo, a fraude ou a simulação, não ocorre nem a concordância tácita, porque cabível outra modalidade de lançamento (de ofício), nem a extinção do crédito. Nesse sentido manifestou-se Hugo de Brito Machado[118]. O afastamento do prazo de cinco anos a contar da ocorrência do fato gerador não é, portanto, objeto direto da ressalva, mas tão somente uma decorrência lógica do cabimento de outra modalidade de lançamento expressamente previsto no CTN para tais situações, qual seja,

[118] MACHADO, Hugo de Brito. A decadência e os tributos sujeitos a lançamento por homologação. **Revista Dialética de Direito Tributário.** São Paulo: Dialética, n. 59, 2000, p. 48.

o lançamento de ofício (art. 149, inciso VII).

## 4.8 O Prazo e o Termo Inicial Únicos para a Constituição do Crédito Tributário nos Casos de Dolo, Fraude ou Simulação

Como já visto, se o fundamento legal é rigorosamente o mesmo tanto para o lançamento de ofício por substituição à declaração quanto para o lançamento de ofício por substituição à homologação, por qual razão a Fazenda Pública haveria de ter um prazo maior ou um termo inicial distinto para a constituição do crédito tributário quando se tratar de lançamento de ofício substitutivo da homologação? Seriam o dolo, a fraude e a simulação praticados na modalidade por homologação mais intensos ou de maior dificuldade de comprovação quando comparados com o lançamento por declaração a ponto de ensejar a fixação de um prazo maior para a Fazenda Pública constituir o crédito tributário nessas hipóteses? A resposta é, sem dúvida, negativa.

A rigor, tal resposta apenas põe às claras a incongruência das teses que preconizam a existência de lacuna decorrente da ressalva contida na parte final do § 4º do art. 150, quanto aos casos comprovados de dolo, fraude ou simulação. Diversamente, isso evidencia que o CTN regulamentou expressamente a matéria, não cabendo, assim, cogitar-se de lacuna. Com efeito, o Código estipulou de forma expressa que, uma vez comprovada qualquer dessas figuras, será sempre aplicável o lançamento de ofício por substituição à modalidade originariamente prevista para o tributo (declaração ou homologação), deslocando-se, pois, a disciplina legal da matéria do art. 147 ou do art. 150, conforme o caso, para o art. 149, inciso VII, do CTN.

Vale a pena insistir: uma vez comprovada a ocorrência de dolo, fraude ou simulação, quer nos tributos sujeitos a lançamento por declaração, quer naqueles submetidos a lançamento por homologação, a autoridade administrativa deverá ater-se ao comando inserido no art. 149, inciso VII, do CTN, o qual determina que, nessas hipóteses, o lançamento sempre deverá ser efetuado de ofício em substituição àquela modalidade originariamente prevista na legislação. Disso resulta, claramente, que tanto o prazo como o termo inicial de sua contagem deverão observar a regra do art. 173, inciso I, do CTN, por disposição expressa do Código.

### 4.8.1 Proposta de Alteração Legislativa Quanto à Decadência nos Casos de Dolo, Fraude ou Simulação

Conforme demonstrado, para efeito de contagem do prazo decadencial para a Fazenda Pública constituir o crédito tributário, o CTN não distinguiu os casos de dolo, fraude ou simulação daquelas situações em que não estão presentes tais condutas, aplicando-se a ambas as hipóteses a regra contida no art. 173, inciso I.

Essa opção do legislador, no entanto, merece críticas. Isso porque, se por um lado, razões de segurança jurídica impedem que se deixe a exclusivo critério do Fisco dizer o momento em que teve ciência do fato gerador ocultado ou dissimulado, para fins de determinação do termo inicial do prazo decadencial, de outro lado, não parece razoável que o prazo concedido à Fazenda Pública para lançar o tributo em relação àqueles sujeitos passivos que agiram com dolo, fraude ou simulação seja rigorosamente igual àquele aplicável aos demais sujeitos passivos que não se pautaram pela prática de qualquer dessas condutas.

De igual modo, não há justificativa plausível para se tratar o dolo, a fraude ou a simulação nos tributos sujeitos a lançamento por homologação de forma distinta daquela verificada no lançamento por declaração e de ofício, uma vez que essas figuras podem estar presentes independentemente da modalidade de lançamento adotada para o tributo, consoante demonstrado.

Feitas essas considerações, na linha adotada por Eurico Marcos Diniz de Santi, propõe-se alteração do art. 173, do CTN, para estabelecer em 10 anos o prazo decadencial nos casos de dolo, fraude ou simulação[119], independentemente da modalidade de lançamento aplicável ao tributo, tendo como termo inicial o primeiro dia do exercício seguinte àquele em que o lançamento poderia ter sido efetuado.

Essa proposta permitiria conciliar a necessidade de segurança jurídica com a fixação de prazo decadencial não muito elástico ou cuja fixação do termo inicial não fique a critério exclusivo do Fisco e, ao mesmo tempo, propiciaria ao sujeito ativo um prazo razoável para tomar ciência do fato gerador ocultado ou dissimulado pelo sujeito passivo ou terceiro, com o objetivo de reduzir ou suprimir o pagamento do tributo.

[119] SANTI, Eurico Marcos Diniz de. **Decadência e prescrição no direito tributário**. 4. ed. São Paulo: Saraiva, 2011, p. 230.

# CONCLUSÕES

Demonstrou-se no presente trabalho que o lançamento por homologação amolda-se perfeitamente à definição contida no art. 142 do CTN, na medida em que o lançamento destina-se, entre outros, a apurar o montante do tributo devido, e não o montante do tributo a pagar. Tem-se, assim, que o pagamento antecipado não integra o ato de lançamento, mas apenas o respectivo procedimento. Demonstrou-se, também, que a homologação tácita nada mais é do que um lançamento por ficção legal, a qual foi positivada no Código com a finalidade de se evitar a decadência, contada pela regra única do art. 173, inciso I, do CTN, o que ensejaria, na ausência de manifestação expressa da Fazenda Pública, o direito de repetição de indébito por parte daqueles sujeitos passivos que anteciparam o pagamento do tributo.

O estudo evidenciou também que a expressão "considera-se definitivamente extinto o crédito", constante do § 4º do art. 150 do CTN, significa que extinto estará crédito constituído com o lançamento ficto em que consiste a homologação tácita, o qual é solvido pelo pagamento antecipado. Conclui-se, destarte, que não está o dispositivo estipulando que estará extinta a obrigação em qualquer caso, de forma que nada mais poderia ser exigido do sujeito passivo. A extinção, que até então era provisória (art. 150, § 1º), torna-se definitiva com a homologação, expressa ou tácita (art. 156, inciso VII), não significando que nada mais poderá ser exigido na hipótese de o crédito constituído pelo lançamento ficto e extinto pelo pagamento antecipado homologado não corresponder exatamente à obrigação tributária. Nesse caso, efetuado o lançamento por homologação, expressa ou tácita, mostra-se cabível a revisão do lançamento, com amparo no art. 149, inciso V, do CTN, dentro do prazo do art. 173, inciso I.

Destarte, *verbi gratia*, se a obrigação tributária é de R$ 100,00 e o sujeito passivo efetua o pagamento antecipado de R$ 80,00, o crédito assim constituído pelo lançamento ficto será extinto por R$ 80,00, mas não a obrigação, que subsistirá pela diferença de R$ 20,00, que não foi recolhida e, por isso, não foi lançada fictamente, podendo a Fazenda Pública revisar de ofício o lançamento ficto no prazo do art. 173, inciso I.

Buscou-se, por fim, demonstrar, também, que a relação entre os prazos do art. 173, inciso I, e do art. 150, § 4º, ambos do CTN, é de continência, estando este contido naquele, na medida em que o segundo é menor justamente para que o lançamento por ficção legal ocorresse sempre no derradeiro dia antes de se verificar a decadência, de acordo a regra do art. 173, inciso I. Os dispositivos tratam, portanto, de matérias distintas: o § 4º do art. 150 trata de um lançamento por ficção legal, e o art. 173, inciso I, institui regra de decadência. Dispondo o primeiro de lançamento ficto ao cabo de cinco anos, essa ficção legal haveria de ocorrer sempre antes do menor prazo decadencial possível (cinco anos e um dia), sem o que a figura da homologação tácita perderia o sentido, pois não atenderia aos fins para os quais foi instituída.

Em decorrência, a decadência tributária, independentemente da modalidade do lançamento tributário, é sempre regida pelo art. 173 do CTN, sem a interferência de qualquer atividade ou comportamento do contribuinte relativo à satisfação das obrigações tributárias correspondentes.

No presente estudo, buscou-se demonstrar, ainda, que as figuras do dolo, da fraude e da simulação, ressalvadas na parte final do § 4º do art. 150 do CTN não são ínsitas ao lançamento por homologação, podendo ocorrer também nos tributos sujeitos a lançamento por declaração e, excepcionalmente, nos tributos sujeitos a lançamento originariamente de ofício, a depender do que dispuser a legislação de cada pessoa política.

Demonstrou-se, também, que a ressalva constante do mencionado dispositivo não se dirige ao prazo de cinco anos contados do fato gerador, mas sim à modalidade de lançamento cabível quando comprovado o dolo, a fraude ou a simulação e, ainda, à não extinção do crédito tributário (pois não há homologação ficta nem pode haver expressa), devendo o lançamento ser sempre efetuado de ofício em substituição àquele que, originariamente, deveria operar-se por homologação, consoante previsão expressa contida no art. 149, inciso VII, do Código.

Conclui-se, por fim, que não há lacuna a ser suprida no CTN para os casos de dolo, fraude ou simulação, em face da previsão expressa contida no art. 149, inciso VII, devendo o prazo e o termo inicial de decadência ser contados na forma do art. 173, inciso I.

# REFERÊNCIAS


ABRAHAM, Marcus. **Curso de direito tributário brasileiro**. Rio de Janeiro: Forense, 2018.

AMARO, Luciano. **Direito tributário brasileiro**. 21. ed. São Paulo: Saraiva, 2016.

BALEEIRO, Aliomar. **Direito tributário brasileiro.** 10. ed. rev. e at. por Flávio Bauer Novelli. Rio de Janeiro: Forense, 1996.

BORGES, José Souto Maior. **Lançamento Tributário.** 2. ed. São Paulo: Malheiros, 1999.

BRASIL. **Constituição da República Federativa do Brasil, de 5 de outubro de 1988.**

BRASIL. **Lei Complementar n. 118, de 9 de fevereiro de 2005.**

BRASIL. **Lei n. 5.172, de 25 de outubro de 1966.** Código Tributário Nacional.

BRASIL. **Lei n. 4.502, de 30 de novembro de 1964.**

BRASIL. **Decreto-lei n. 2.124, de 13 de junho de 1984.**

BRASIL. **Decreto-lei n. 4.657, de 4 de setembro de 1942.**

BRASIL. **Lei n. 13.105, de 16 de março de 2015**. Código de Processo Civil.

BRASIL. **Lei n. 9.430, de 27 de dezembro de 1996.**

BRASIL. **Lei n. 10.637, de 30 de dezembro de 2002.**

BRASIL. **Lei n. 10.833, de 29 de dezembro de 2003.**

BRASIL. **Decreto n. 3.048, de 6 de maio de 1999.**

BRASIL. **Instrução Normativa SRF n. 126, de 1998.**

BRASIL. **Instrução Normativa RFB n. 1.599, de 2015.**

BRASIL. **Trabalhos da Comissão Especial do Código Tributário Nacional.** Rio de Janeiro: Ministério da Fazenda, 1954.

CANTO, Gilberto de Ulhôa. **Do Lançamento. Caderno de Pesquisas Tributárias n. 12.** Ives Gandra da Silva Martins (coordenador). São Paulo: Coedição Resenha Tributária e Centro de Estudos de Extensão Universitária, 1987.

CARRAZZA, Roque Antonio. **Curso de Direito Constitucional Tributário.** 18. ed. São Paulo: Malheiros, 2002.

CARVALHO, Paulo de Barros. **Curso de direito tributário.** 27. ed. São Paulo: Saraiva, 2016.

CASSONE, Vittorio. **Decadência e prescrição. Pesquisas Tributárias – Nova**

**Série n. 13.** Ives Gandra da Silva Martins (coordenador). São Paulo: Coedição Revista dos Tribunais e Centro de Extensão Universitária, 2008.

COÊLHO, Sacha Calmon Navarro. **Processo administrativo tributário. Pesquisas Tributárias – Nova Série n. 5.** Ives Gandra da Silva Martins (coordenador). São Paulo: Coedição Revista dos Tribunais e Centro de Extensão Universitária, 1999.

COSTA, Alcides Jorge. **Estudos sobre o Imposto de Renda (Em Memória de Henry Tilbery).** São Paulo: Resenha Tributária, 1994.

DERZI, Misabel Abreu Machado. **Comentários ao Código Tributário Nacional.** 4. ed. Carlos Valder do Nascimento (coordenador). Rio de Janeiro: Forense, 1999.

DIAS, Tiago Bologna. Constituição do crédito por meio da declaração do sujeito passivo e interrupção da prescrição por sua retificação. **Revista Dialética de Direito Tributário**. São Paulo: Dialética, n. 149, 2008.

DINIZ, Maria Helena. **As lacunas no direito.** 8. ed. São Paulo: Saraiva, 2007.

FANUCCHI, Fábio. **A Decadência e a Prescrição em Direito Tributário**. 2. ed. São Paulo: Resenha Tributária, 1982.

FEITOSA, Francisco José Soares. Prazo para lançar tributos, no caso de fraude, dolo ou simulação. **Revista Dialética de Direito Tributário**. São Paulo: Dialética, n. 134, 2006.

FERREIRA FILHO, Manoel Gonçalves. **Curso de direito constitucional.** 23. ed. São Paulo: Saraiva, 1996.

HABLE, José. **A extinção do crédito tributário por decurso do prazo – decadência e prescrição tributárias**. 4. ed. São Paulo: Editora Método, 2014.

LEAL, Antônio da Câmara Leal. **Da Prescrição e da Decadência.** 2. ed. Rio de Janeiro: Forense, 1959.

MACHADO, Hugo de Brito. **Lançamento tributário e decadência.** São Paulo e Fortaleza: Coedição Dialética e ICET – Instituto Cearense de Estudos Tributários, 2002.

_______. A decadência e os tributos sujeitos a lançamento por homologação. **Revista Dialética de Direito Tributário**. São Paulo: Dialética, n. 59, 2000.

_______. **Processo administrativo tributário. Pesquisas Tributárias – Nova Série n. 5.** Ives Gandra da Silva Martins (coordenador). São Paulo: Coedição Revista dos Tribunais e Centro de Extensão Universitária, 1999.

_______. **Curso de direito tributário.** 37. ed. São Paulo: Malheiros, 2016.

_______. **Presunções no Direito Tributário. Caderno de Pesquisas Tributárias** v. 9. – 2. tiragem. Ives Gandra da Silva Martins (coordenador). São Paulo: Coedição Resenha Tributária e Centro de Estudos de Extensão Universitária, 1991.

MACHADO, Schubert de Farias. **Decadência e prescrição. Pesquisas Tributárias – Nova Série n. 13.** Ives Gandra da Silva Martins (coordenador). São Paulo: Coedição Revista dos Tribunais e Centro de Extensão Universitária, 2008.

MAIA, Mary Elbe Gomes Queiroz. **Do lançamento tributário – execução e controle.** São Paulo: Dialética, 1999.

MARTINS, Ives Gandra da Silva. **Do Lançamento. Caderno de Pesquisas Tributárias n. 12.** Ives Gandra da Silva Martins (coordenador). São Paulo: Coedição Resenha Tributária e Centro de Estudos de Extensão Universitária, 1987.

_______. **Decadência e prescrição –**

**Caderno de Pesquisas Tributárias** v. 1, 3. tiragem. Ives Gandra da Silva Martins (coordenador). São Paulo: Coedição Resenha Tributária e Centro de Estudos de Extensão Universitária, 1991.

MEDINA, José Miguel Garcia; RICCI, Henrique Cavalheiro. Os termos iniciais de contagem dos prazos decadencial e prescricional em matéria tributária e a apresentação de DCTF pelo sujeito passivo. **Revista Dialética de Direito Tributário.** São Paulo: Dialética, n. 157, 2008.

MELLO, Waldir Silveira. **Do Lançamento. Caderno de Pesquisas Tributárias n. 12.** Ives Gandra da Silva Martins (coordenador). São Paulo: Coedição Resenha Tributária e Centro de Estudos de Extensão Universitária, 1987.

MORAES, Bernardo Ribeiro de. **Decadência e prescrição – Caderno de Pesquisas Tributárias** v. 1, 3. tiragem. Ives Gandra da Silva Martins (coordenador). São Paulo: Coedição Resenha Tributária e Centro de Estudos de Extensão Universitária, 1991.

NASCIMENTO, Carlos Valder. **Comentários ao Código Tributário.** 4. ed. Carlos Valder do Nascimento (coordenador). Rio de Janeiro, Forense, 1999.

NOGUEIRA, Ruy Barbosa. **A Decadência no Direito Tributário Brasileiro.** São Paulo: Resenha Tributária, 1982.

______.**Curso de Direito Tributário.** 10. ed. São Paulo: Saraiva, 1990.

OLIVEIRA, Phelippe Toledo Pires de. Análise do prazo decadencial para o Fisco efetuar o lançamento de ofício nos casos de dolo, fraude ou simulação na conduta do contribuinte (art. 150, parágrafo 4º, *in fine*, do CTN). **Revista Dialética de Direito Tributário**. São Paulo: Dialética, n. 223, 2014.

OLIVEIRA, Ricardo Mariz de. **Do Lançamento. Caderno de Pesquisas Tributárias n. 12.** Ives Gandra da Silva Martins (coordenador). São Paulo: Coedição Resenha Tributária e Centro de Estudos de Extensão Universitária, 1987.

PAULSEN, Leandro. **Constituição e código tributário comentados à luz da doutrina e da jurisprudência.** 18. ed. São Paulo: Saraiva, 2017.

PIETRO, Maria Sylvia Zanella Di. **Direito administrativo.** 11. ed. São Paulo: Atlas, 1991.

PRAXEDES, Francisco de Assis. Crédito tributário. Constituição. Lançamentos com base na declaração e de ofício. Decadência. Quando ocorre. **Revista Dialética de Direito Tributário.** São Paulo: Dialética, n. 176, 2010.

REIS JÚNIOR, Ari Timóteo dos. O prazo para restituição do indébito tributário, a LC 118/2005 e o estado democrático de direito: análise crítica do julgamento do RE 566.621/RS pelo STF. **Revista Dialética de Direito Tributário.** São Paulo: Dialética, n. 199, 2012.

RIBEIRO, Maria de Fátima. **Comentários ao Código Tributário Nacional.** 4. ed. Carlos Valder do Nascimento (coordenador). Rio de Janeiro: Forense, 1999.

ROCHA, Isabelle Resende Alves. A declaração de compensação federal – DCOMP – e o prazo para efetuar repetição de indébito: interrupção ou o próprio exercício do direito ao crédito? **Revista Dialética de Direito Tributário**. São Paulo: Dialética, n. 217, 2013.

SAMPAR, Marcos Donizeti. Tributos sujeitos a lançamento por homologação, prazo de vencimento e decadência. **Revista Dialética de Direito Tributário**. São Paulo: Dialética, n. 53, 2000.

______; VALADÃO, Marcos Aurélio Pereira. Algumas Considerações Sobre a Natureza Administrativa do Lançamento por Homologação (Art. 150, do CTN). **Revista de Direito Internacional, Econômico e Tributário.** v. 12, n. 2, da Universidade Católica de Brasília, jul./dez. 2017. Disponível em: <https://portalrevistas.ucb.br/index.php/RDIET>. Acesso em: 4 ago. 2018.

SANTI, Eurico Marcos Diniz de. **Decadência e prescrição no direito tributário.** 4. ed. São Paulo: Saraiva, 2011.

SCHOUERI, Luís Eduardo. **Direito tributário.** 2. ed. São Paulo: Saraiva, 2012.

SEIXAS FILHO, Aurélio Pitanga. Natureza jurídica do lançamento por homologação – mito – ficção. **Revista Dialética de Direito Tributário**. São Paulo: Dialética, n. 185, 2011.

______. **Do Lançamento. Caderno de Pesquisas Tributárias n. 12.** Ives Gandra da Silva Martins (coordenador). São Paulo: Coedição Resenha Tributária e Centro de Estudos de Extensão Universitária, 1987.

SOUSA, Rubens Gomes de. **Compêndio de legislação tributária**. São Paulo: Resenha Tributária, 1975.

SOUZA FILHO, Luciano Marinho de Barros e. Da prescrição e da decadência na cobrança de contribuições previdenciárias decorrentes de reclamatórias e consignatórias trabalhistas. **Revista Dialética de Direito Tributário**. São Paulo: Dialética, n. 171, 2009.

TORRES, Ricardo Lobo. **Curso de direito financeiro e tributário.** 6. ed. Rio de Janeiro: Renovar, 1999.

______. **Normas de interpretação e integração do direito tributário.** 3. ed. Rio de Janeiro: Renovar, 2000.

TROIANELLI, Gabriel Lacerda. Lançamento por homologação e decadência do direito de constituir o crédito. **Revista Dialética de Direito Tributário**. São Paulo: Dialética, n. 151, 2008.

XAVIER, Alberto. **Do lançamento, teoria geral do ato, do procedimento e do processo tributário**. 2. ed. Rio de Janeiro: Forense, 1998.

______. A contagem dos prazos no lançamento por homologação. **Revista Dialética de Direito Tributário.** São Paulo: Dialética, n. 27, 1997.

**Sites Consultados**

www.planalto.gov.br
www2.camara.leg.br
www.stf.jus.br
www.stj.jus.br
www.idg.carf.fazenda.gov.br